Inge Krausbeck

Ausreisezeit. Abschied von der DDR

ISBN: 978-3-937772-15-8

1. Auflage Sept. 2009

Rudolf-von-Langen-Straße 49
48147 Münster
www.biografieverlag.de
Einbandgestaltung: Atelier für Gestaltung Stefanie König, Telgte, unter Verwendung einer Fotografie der Skulptur „Bronzeabguß eines Flüchtlingskoffers“ von Marco Flierl. Diese Skulptur steht vor der Erinnerungsstätte Notaufnahmelager Marienfelde, die auch das copyright an der Fotografie hält. Wir bedanken uns für die Genehmigung zur Verwendung.

Herstellung: books on demand GmbH Norderstedt

Inge Krausbeck

Ausreisezeit

Abschied von der DDR

Inhaltsverzeichnis

Für Matthias, Andreas und meinen Mann Wolfgang

Prolog

Ein schrilles Heulen durchbrach die mittägliche Stille und beendete jäh das Studium meiner Stasiakte, die ich erst eine knappe Stunde zuvor mit der Post erhalten hatte. Zwölf Jahre nach der Wende hatte ich mich dazu durchgerungen, bei der „Bundesbeauftragten für die Unterlagen des Staatssicherheitsdienstes der ehemaligen DDR" meine Akte anzufordern. Zwei Jahre nach Antragstellung waren die Dokumente nun bei mir angekommen.

Freunde und Verwandte hatten mir abgeraten, mich erneut mit meiner „Ausreisezeit" zu belasten. Böse Überraschungen könnten mich erwarten, wenn möglicherweise Freunde oder Familienmitglieder als Inoffizielle Mitarbeiter (IM) der Staatssicherheit in der Akte auftauchen würden. Warum ich das nach all den Jahren noch wissen wolle, wo ich mir doch ein neues, gesichertes und ausgefülltes Leben im Westen aufgebaut habe?

Aber meine Neugier war zu groß. Zwanzig Monate Kampf, um die Ausreise aus der DDR zu erreichen, hatten mein Leben und das meiner Familie verändert und geprägt. Ich wollte alles wissen!

Und nun lagen 348 Seiten vor mir, Kopien der Briefe meines Mannes, Abhörprotokolle unserer Telefonate, Berichte und Mitteilungen der IM. Ich war so vertieft in die Lektüre, dass ich das Suppenhuhn im Schnellkochtopf vergessen hatte, von dem inzwischen nur noch ein schwarzer Klumpen übrig geblieben war. Fett war durch die ganze Küche gespritzt, ein übler Geruch von verbranntem Fleisch durchzog das Haus und inzwischen sandte auch der Rauchmelder im oberen Stockwerk nervtötende Signale aus.

Die Vergangenheit hatte mich eingeholt.

GK - Nord Kalbe, den 4.8.87
Abt. Abwehr

Krausbeck, Wolfgang
Der genannte ist verheiratet mit
Dr. Krausbeck, Ingeborg
Aus dieser Ehe sind die Kinder

Matthias und Andreas

hervorgegangen. Seine Ehefrau ist Kinderärztin in der Kreispoliklinik Kalbe/M. und führt auch Sprechstunden im Landambulatorium Badel durch. Auf ihrem Gebiet leistet sie eine gute Arbeit. Nachteiliges wurde bisher nicht bekannt.
Sie ist parteilos. In Gesprächen vertritt sie eine progressive Meinung zur Politik unseres Staates. Gesellschaftlich engagiert sie sich im Sportverein Sektion Kegeln. An den anderen Veranstaltungen beteiligt sie sich, ohne dabei jedoch aktiv in Erscheinung zu treten.
Charakterlich wird sie als ruhig, freundlich und aufgeschlossen eingeschätzt.

Die Familienverhältnisse sind geordnet. Ihre finanzielle Lage ist gut. Sie wohnen in einem Eigenheim des Rates der Stadt und besitzen einen neuen Pkw „Dacia".

Durch die Familie Krausbeck bestehen aktive persönliche Verbindungen in die BRD. Einreisen erfolgten bisher 7/87 durch Cousin und Cousine des Genannten. Durch den oben genannten erfolgte in der Zeit vom 18.7. bis 27.7.1986 eine besuchsweise Ausreise in DFA in die BRD zur Silberhochzeit der Cousine.
Die Ehefrau des oben genannten reiste in der Zeit vom 11.4. bis 24.4.1987 besuchsweise in DFA in die BRD zum 80. Geburtstag der Tante.
Weitere Verbindungen in das NSA wurden nicht festgestellt.
Der oben genannte und seine Ehefrau sind nicht vorbestraft.

Hptm(Hauptmann)

Abschrift aus der Stasiakte, ausgestellt anlässlich des Besuchs eines Cousins aus der BRD. Vorhandene Tippfehler sind hier wie in späteren Abschriften übernommen worden.

Eine Reise in den Westen

Ein besonderer Höhepunkt im Leben eines jeden DDR-Bürgers stand bevor: Wolfgangs zweite Reise ins nicht sozialistische Ausland (NSA), in seinem Fall die BRD, war genehmigt worden. Anlass war die Geburt des zweiten Kindes seines Cousins. Die Staatsmacht hatte tatsächlich großes Vertrauen zu ihm. Wolfgang freute sich wie ein Kind und bereitete die Reise gedanklich und praktisch vor. Wir besorgten eine neue Jacke für ihn und Geschenke für die Verwandtschaft. Ich gab ihm Tipps, wo er seine Westmark verstecken könnte:
„Näh sie doch in den Einlegeboden deiner Reisetasche ein."
Später wird er mir erzählen, dass dort seine wichtigsten Urkunden ihren Platz fanden.
Das Wetter war grau und trüb, fast wie im November, und entsprach meiner Stimmung. Ich gönnte Wolfgang die Reise von Herzen, wusste ich doch, wie sehr er sich darauf freute. Trotzdem nervte mich die damit verbundene Hektik, und mir graute davor, den Stress mit Haushalt, Kindern und der Arbeit in der Praxis allein bewältigen zu müssen.
So fiel unser Abschied am Samstag, den 23. Januar 1988, im Trubel des Alltags auch eher kurz und knapp aus. Unsere Kleinstadt Bismark hatte nur über Schienenbusse Verbindung zum Fernverkehr. Deshalb brachte ich Wolfgang mit dem Auto nach Stendal. Den Zug erreichten wir gerade so und es blieb nicht viel Zeit für lange Gespräche. Wir würden uns ja sowieso bald wieder sehen. Wolfgang winkte sehr lange.
Kaum war „der Hausherr" verreist, trat die erste Panne ein: Gasheizung defekt. Das hatte gerade noch gefehlt! Es war Januar und unser zusätzlicher elektrischer Ölheizkörper reichte kaum für einen Raum. Wie vieles im sozialistischen Alltag war es kompliziert, einen Heizungsfachmann zu fin-

den. Mit Hilfe von Freunden gelang es uns aber überraschend schnell, und wir mussten nicht bis zu Wolfgangs Rückkehr im Kalten sitzen. Wie sich herausstellen sollte, hätte das auch ziemlich lange gedauert.
Die Suche nach den Unterlagen für den Heizungskessel nahm einige Zeit in Anspruch und ich beschloss, dass wir nach Wolfgangs Rückkehr endlich mal alle Papiere sortieren und abheften würden.
Mein Mann hatte sich mittlerweile telefonisch gemeldet und war total begeistert. Bei uns stellte sich indes bald das nächste Malheur ein: die Tiefkühltruhe funktionierte nicht mehr. Typisch, dass das alles gerade in Wolfgangs Abwesenheit passieren musste. Nun bestand die Gefahr, dass Fleisch, Gemüse und Fertiggerichte verderben würden. Dieses Problem wollte ich auf jeden Fall selbst in den Griff bekommen. Im Deckel der Truhe stand eine Telefonnummer für Notfälle. Selbstbewusst wählte ich die Nummer und hörte: „Kein Anschluss unter dieser Nummer“. Wieder konnten Freunde helfen, die zufällig jemanden kannten, der in einer entsprechenden Firma arbeitete. Ohne Beziehungen ging eben nichts! Nun hatte ich die Hoffnung, dass bis zu Wolfgangs Rückkehr alles glatt laufen würde.
Im beruflichen Alltag verlief alles reibungslos. Ich hatte gerade eine Kinderarztpraxis in Gardelegen übernommen. Nachdem ich mehrere Jahre als Einzelkämpfer in kleinen Landgemeinden tätig gewesen war, wollte ich zuvor ein paar Wochen im Team der Kinderklinik arbeiten, den Kontakt zu meinen Kollegen vertiefen und meine fachlichen Kenntnisse auffrischen. Die vier Wochen auf der Kinderstation waren in jeder Beziehung erfolgreich verlaufen. Jetzt freute ich mich schon sehr auf die Herausforderung, etwas Neues aufzubauen.
Eine Freundin besuchte mich und wir unterhielten uns über ihre bevorstehende Reise in den Westen. Sie war eine der

Letzten aus unserem Freundeskreis, die einen Grund gefunden hatte, um die heiß begehrte Reiseerlaubnis zu bekommen. Nicht jeder hatte das Glück, Verwandte in der BRD zu haben, die auch noch über fünfzig Jahre alt waren, einen runden Geburtstag feiern wollten und eine Einladung schickten. Wir waren uns beide einig, dass wir die andere Seite Deutschlands mal sehen, aber auch gern in unsere Hälfte zurückkommen wollten. Zu dieser Zeit hielt ich die gelockerten Reisebedingungen noch für einen Fortschritt, ein Zeichen, dass die politische Entwicklung auf dem richtigen Weg war. Ich selbst hatte bislang zweimal das Glück gehabt, eine Reise in den Westen genehmigt zu bekommen. Während meines ersten Besuches im Schwarzwald ermöglichte mir meine Familie einen Ausflug an den Bodensee, wo ich mit Tränen in den Augen in Meersburg stand, weil ich von der Schönheit des Ortes und der Landschaft total überwältigt war. Alles war einfach zu schön! In Heidelberg ging es mir ganz ähnlich und ich genoss jeden Augenblick, saugte alle Eindrücke förmlich auf. Ich wusste ja nicht, ob ich jemals die Gelegenheit bekommen würde, wieder hierher zurückzukehren.

Anfang Februar hatte ich Notdienst in der Kinderklinik. Meine Gedanken kreisten auch um Wolfgangs Rückkehr, denn ich vermisste ihn schon sehr. Unser dreizehnjähriger Sohn Andreas war ebenfalls sehr aufgeregt und gespannt auf die vielen Geschenke, die Papa aus dem Westen mitbringen würde.

Als ich auf der Kinderstation von unserer defekten Gasheizung berichtete, witzelte der Oberarzt, dass grundsätzlich die Gasheizung abgestellt würde, wenn die Ehemänner im Westen blieben. Am nächsten Tag erzählte ich, dass mein Mann zwei Pakete für uns abgeschickt hatte. Der Chef wünschte mir, dass das nun für alle Zeit so weiter gehen möge. Wir lachten darüber.

Mein Leben lief seinen gewohnten Gang – Arbeit, Haushalt, Andreas, Treffen mit Freunden. Matthias, unser älterer Sohn, der eine sprachliche Schule in Tangerhütte besuchte und deshalb im Internat wohnte, wollte am Wochenende nach Hause kommen. Alle waren wir in froher Erwartung auf Wolfgangs Rückkehr.

Meine Welt bricht zusammen

„Ich komme nicht in die DDR zurück!"
Ich bin sprachlos.
„Du musst mich unbedingt verstehen!"
Muss ich? Kann ich? Will ich überhaupt?
Mir zittern die Knie, kaum kann ich den Hörer halten.
„Kommt Ihr nach?
In welcher Welt lebt Wolfgang denn? Koffer packen und losfahren? Hat er vergessen, dass da noch eine Grenze dazwischen ist, mit Stacheldraht und „Schießbefehl" und einem Staatsapparat, der keinen freiwillig gehen lässt? Ich lege den Hörer auf.

Ungläubigkeit und Entsetzen stürzten über mich herein. Ich war wie gelähmt. Es war Mittwoch, der 3. Februar 1988. Wie schnell sich alles veränderte! Einen Tag zuvor war ich voller Ideen und Pläne gewesen. Jetzt waren da nur noch Unverständnis, Verzweiflung, Enttäuschung und auch Traurigkeit und Wut. Das konnte einfach nicht sein. Mein Leben war aus den Fugen geraten.
Nach außen bemühte ich mich um Normalität, denn Andreas sollte erstmal nichts merken. Ich war ja selbst nicht in der Lage, diese Entscheidung zu begreifen. Wie sollte ich da Andreas erklären, was passiert war? Vielleicht war ja alles ein Missverständnis?

Abends lief ich ziellos durch die Stadt, versuchte einen klaren Gedanken zu fassen. Aber nichts drang durch Verzweiflung, totale Unsicherheit und das Gefühl von Ohnmacht durch. Ich musste mich jemandem anvertrauen, mir meinen Kummer von der Seele reden und ging zu meinen Freunden Margitta und Uli. Als Uli mich sah, rief er: „Na, Hausfrau des Jahres, was ist nun wieder passiert?“ Es wurde ein tränenreicher Abend.
Im Nachhinein betrachtet hatte Wolfgang seine Flucht angekündigt: „Ich werde nur noch einmal fahren.“ - „Wenn ich im Westen bin, schicke ich Euch ab und zu ein Paket.“ Ich grübelte darüber nach, was in unserer Partnerschaft schief gegangen war, konnte Wolfgangs Entscheidung nicht akzeptieren und war maßlos enttäuscht. Wie oft hatte er diese Sätze gesagt und niemand hatte seine Worte ernst genommen. Im Gegenteil, alle lachten darüber wie über einen gelungenen Scherz.
Aber ich hätte es besser wissen können. Schon von Anfang an kannte ich ja seine Sehnsucht nach dem Westen, nach der Freiheit, sich privat und beruflich voll zu entfalten. Sein Traum war immer die eigene Praxis. Die Medizin sollte im Vordergrund stehen, unbelastet und unbeeinflusst von Richtlinien der Partei, Versammlungen, Besprechungen und sozialistischem Wettbewerb. Niemals hatte ich mich auf lange Diskussionen eingelassen, ein beginnendes Gespräch meist im Keim erstickt, wenn es darum ging, welche beruflichen und privaten Möglichkeiten wir in der BRD haben könnten oder wie ihn das verlogene System in der DDR anekelte. Vielleicht hatte ich einfach Angst, mich von seiner gefährlichen Sehnsucht anstecken zu lassen und wollte nicht zugeben, dass auch ich manchmal Träume hatte, die ich in der DDR nicht verwirklichen konnte. Und so entgegnete ich meistens: „Es ist nun mal wie es ist und uns geht es gut hier und wir müssen auch an die Kinder

denken!" Punkt. Aus. Keine Diskussion. Für mich war der Fall klar. Für ihn scheinbar nicht, wie mir die Realität deutlich vor Augen führte.

Aber was sollte ich jetzt machen? Sicherlich war mir schon zu diesem Zeitpunkt klar, dass es nur zwei Möglichkeiten gab: Entweder stellte ich mit den Kindern einen Ausreiseantrag oder unser gemeinsamer Lebensweg war an diesem Punkt beendet. Es fiel mir unglaublich schwer, mich überhaupt mit dieser Problematik auseinander zu setzen. Die Gedanken liefen kreuz und quer durch meinen Kopf und Chaos herrschte vor. Einerseits versuchte ich, Ursachen für seine Entscheidung zu finden, andererseits fragte ich immer wieder: „Wie kannst du mir das antun?"

Irgendwie schaffte ich es, zu schlafen. Der Schock traf mich am Morgen um so härter. Blankes Entsetzen hatte von mir Besitz ergriffen. Wie sollte ich bloß den Tag bewältigen? Ich begann zu überlegen, wie ich mich verhalten musste, um nicht aufzufallen. Natürlich musste ich zur Arbeit fahren und mich möglichst normal benehmen. In der Praxis schützte ich Nierenschmerzen vor, um meinen bedrückten Zustand zu erklären. Es ging mir wirklich verdammt schlecht.

Mittags wieder ein Anruf von Wolfgang. An seiner Entscheidung habe sich nichts geändert. Er könne in diesem Land nicht mehr leben, würde aber zurückkommen, wenn wir gemeinsam einen Ausreiseantrag stellten. Eine so elementare Entscheidung konnte ich unmöglich innerhalb von wenigen Stunden treffen. Er hatte sich seit Jahren mit dieser Möglichkeit beschäftigt, für mich war die Ausreise nie eine Alternative gewesen.

Ich war völlig frustriert, verzweifelt und wütend und schrie ins Telefon: „Ich fühle mich wie ein alter Koffer, den Du zurückgelassen hast." Und: „Du hast ja tolle Verwandte, die Dich überredet haben, im Westen zu bleiben."

Andreas sah mich erschrocken an und begriff in diesem Augenblick, was passiert war. Er verließ das Haus und blieb mehrere Stunden verschwunden. Ich machte mir große Sorgen um ihn! Als er endlich wiederkam, hatte er die Entscheidung seines Vaters akzeptiert, als erster von uns. Er hatte sich allein mit den Fakten auseinandergesetzt und für ihn war von diesem Moment an klar, dass wir seinem Vater in die BRD folgen würden.
Am selben Abend holten wir Matthias vom Bahnhof ab, der vom Internat nach Hause kam. Er war aufgekratzt und erzählte voller Begeisterung von den Faschingsvorbereitungen an seiner Schule. Irgendwann fiel ihm auf, dass wir uns komisch verhielten und er fragte, ob etwas passiert sei. Ja, es war etwas passiert!
„Papa hat angerufen. Er kommt nicht zurück in die DDR."
Auch Matthias blieb es nicht erspart, sich mit der Tatsache auseinander zu setzen und um seine Haltung dazu zu ringen. Bis in die Nacht saßen wir schweigsam im Wohnzimmer und starrten vor uns hin. Uns war nur eines klar: Egal was passierte, wir drei wollten zusammen halten.
Wir beschlossen, uns erst mal ganz unauffällig zu benehmen. Wir blendeten die Fakten aus und verhielten uns so, als ob nichts passiert sei. Tatsächlich hatten wir im Hinterkopf immer noch die Hoffnung, dass er doch zurück kam.
Am nächsten Vormittag nahm ich an der Geburtstagsfeier eines Kollegen teil und traf dort auch einige Mitarbeiter meiner ehemaligen Arbeitsstelle, die sich freuten, mich zu sehen und auch nach meinem Mann fragten. „Der ist gerade im Westen, kommt aber heute Nachmittag zurück."
Mir war ständig zum Heulen zumute.
Am Nachmittag des 6. Februars 1988, einem Sonnabend, fuhren wir zur verabredeten Zeit nach Stendal zum Bahnhof. Dort trafen wir einen Bekannten, der ebenfalls abgeholt wurde (von wegen ebenfalls!). Nach Bekanntwerden

der Republikflucht meines Mannes würde er erzählen, dass er sich das gleich gedacht habe, als mein Mann nicht aus dem Zug stieg. Wir fuhren an diesem grauen Februartag vollkommen deprimiert aber unverdrossen ein zweites Mal zum Bahnhof, natürlich wieder ohne Erfolg. Der, den wir eigentlich sowieso nicht erwarteten, stieg auch nicht aus. Inzwischen beobachteten wir unsere Umgebung schon mit kritischen, misstrauischen Augen. Vor ein paar Tagen hatten wir noch nicht darauf geachtet, wenn sich in einem der gegenüberliegenden Häuser die Gardinen bewegten, als wir ins Auto stiegen. Wurden wir schon beobachtet? Vielleicht wurden wir schon länger bespitzelt? Es gab diesen Spruch, in dem es hieß, dass jeder dritte oder vierte Bürger unserer Republik Stasizuträger sei. Bei Feiern wurde manchmal abgezählt und alle fanden das unheimlich witzig. In diesen Tagen war mir kein bisschen zum Lachen. Mir war ständig kalt und ich hatte schreckliche Angst.

Nachdem endgültig klar war, dass Wolfgang sein Vorhaben in die Tat umgesetzt hatte, saß ich im Wohnzimmer und überlegte, wie der nächste Tag ablaufen sollte, dachte in kleinen Schritten, wollte nicht zu weit in die Zukunft sehen. Am liebsten wollte ich schlafen und alles vergessen.

Am 7. Februar vormittags informierte ich die offiziellen Stellen, dass mein Mann von seiner Reise in die BRD nicht zurückgekommen war.

„Hier spricht das Volkspolizeikreisamt. Was kann ich für Sie tun?"

„Ich wollte „nur" Bescheid sagen, dass mein Mann von seiner Besuchsreise aus der BRD nicht zurückgekommen ist."

Eine kurze, ungläubige Pause.

„Vielleicht hat er sich nur verspätet, weil er den Zug verpasst hat."

„Das glaube ich nicht:"
„Sie weinen ja."
„Ich bin ziemlich fertig."
„Rufen Sie bitte einen Arzt an und versuchen Sie, Ihren Mann telefonisch zu erreichen."
„Wir bekommen so schlecht eine Verbindung."
„Versuchen Sie es bitte und melden Sie sich dann wieder."
Überraschung! Obwohl es sonst Stunden dauerte, bis eine Verbindung zustande kam, hörte ich dieses Mal sofort nach dem Wählen die Stimme seines Cousins am anderen Ende der Leitung.
„Hier ist Inge. Wolfgang ist noch nicht zurückgekommen. Wisst ihr, was los ist?"
„Ja, wisst ihr denn nicht, dass er im Westen bleiben will? Er wollte euch doch anrufen."
Mir blieb die Luft weg. Natürlich wussten wir, aber das konnte ich doch am Telefon nicht sagen. Falls unser Anschluss schon abgehört wurde, waren die Folgen nicht abzusehen. Ich hätte direkt nach Wolfgangs Anruf die staatlichen Stellen über sein Vorhaben, nicht in die DDR zurück zu kommen, informieren müssen. Insofern hatte ich mich schon strafbar gemacht.
Nachdem nun alles offiziell war, hatte ich auch keinen Grund mehr, die Fassade aufrecht zu halten. Ich brach zusammen. Matthias nahm die täglichen Aufgaben in die Hand. Er kümmerte sich so sicher und selbstverständlich um alles, dass ich wusste, ich kann mich voll auf ihn verlassen.
Eine Kollegin aus dem Ambulatorium, die selbst völlig verstört war, verordnete mir Beruhigungsmittel und schrieb mich krank. Und dann ging auch ich erst mal auf die Flucht, wollte an nichts denken, keine Urteile fällen, keine Entscheidungen treffen. Ich flüchtete mich ins Bett und in die Hoffnung: Es wird schon werden! Ich würde noch lernen,

dass „es“ manchmal lange auf sich warten ließ. Mir wurde klar, dass nur ich mein Geschick in die Hände nehmen und bestimmen konnte, wohin der Weg gehen sollte. Und auch das Ziel konnte nur ich festlegen, kein anderer.
Matthias informierte die Familie, Freunde, Bekannte und rief auch die Polizei noch einmal an, um die Entscheidung seines Vaters zu bestätigen. Alle waren entsetzt und fassungslos. Obwohl alle Wolfgangs Traum kannten, hatte doch niemand geglaubt, dass er ihn in die Tat umsetzen würde. Für mich ergaben sich völlig neue Fragen:
„Wollen und können alle Freunde und Bekannte jetzt weiter Kontakt zu uns halten? Wie werden sie uns entgegen treten? Oder stehen wir ganz allein da? Welche Konsequenzen ergeben sich für die Familie, die Freunde?“
Bis vor drei Tagen hätte ich über solche Fragen überhaupt nicht nachgedacht, denn schließlich lebten wir doch in einem humanitären Staat, der sich um das Wohlergehen seiner Bürger sorgte, wo es Meinungs- und Pressefreiheit gab. Oder? Woher kamen dann diese Zweifel und Ängste? Hatte ich das alles früher verdrängt? Die Angst, dass unser Telefon abgehört wurde, war immer noch da. Und jedes Mal, wenn ich ein Auto hörte, dachte ich, dass die Stasi mich abholen kam.
Ich aß nur trockenes Brot und trank Wasser oder Kaffee. Im Spiegel blickte mir ein blasses, schmales Gesicht entgegen, umrahmt von kurzen, struppigen Haaren. Die Augen blickten mich ausdruckslos an und die Mundwinkel waren nach unten gezogen. Die Beruhigungsmittel nahm ich weiter ein. Matthias kümmerte sich um alles, kochte sogar.
Gleich am 7. Februar, einem Sonntagabend, gerieten wir in Panik, weil wir uns erinnerten, dass Wolfgang Briefe auf Magnetbänder gespeichert hatte, die er im Falle einer Ablehnung seiner Besuchsreise an das ZK der SED hatte schi-

cken wollen. Da wir nicht wussten, wie wir die Daten löschen konnten, entschlossen wir uns, die Bänder zu vernichten. Matthias ging mit einem Eimer in die Garage, wo er sie verbrennen wollte. Ich stand oben am Schlafzimmerfenster und sah plötzlich dicke schwarze Rauchschwaden durch die Garagentür abziehen, konnte den Qualm sogar durch die geschlossenen Fenster riechen. Mir wurde eiskalt, im Nacken kribbelte es und der Atem stockte mir. Würde uns jemand beobachten und vielleicht die Polizei anrufen? Nach dieser Aktion saßen wir wie gelähmt zusammen und warteten, blieben aber unbehelligt. So beruhigten wir uns langsam wieder.
Was würde jetzt noch alles auf uns zukommen?

Die Familien Siemann und Krausbeck verkehrten miteinander, gingen zusammen aus und feierten miteinander. Am Mittwoch vorige Woche also dem 03.02.88 gegen 22.45 Uhr kommt Frau Dr. Krausbeck aus der Wohnung der Familie Siemann. Siemanns Frau begleitete sie bis auf die Straße. Frau Dr. Krausbeck weinte nur und wischte sich mit dem Taschentuch ununterbrochen die Tränen, während Frau Siemann beruhigend auf sie ein sprach.
Dies beobachtete die Ehefrau des O. der VP Pohl, Diensthabender im Revier. Die Wohnung der Pohls liegt wohl dem der Siemanns gegenüber und Frau Pohl beobachtete dies als sie zum zu Bett gehen das Schlafzimmerfenster schließen wollte.
...

gez. IM „Läufer"

Abschrift aus der Stasiakte,
Auszug Protokoll IM „Läufer" vom 8.2.88

Die staatlichen Organe treten in Erscheinung

Am 9. Februar 1988 fand in unserer Wohnung ein dreistündiges Verhör durch die Kriminalpolizei statt. Während der Befragung zwang ich mich, jede Frage ganz genau anzuhören und jede Antwort gut zu durchdenken, bevor ich sie gab. Die Beamten verhielten sich korrekt und rücksichtsvoll. In meiner Stasiakte würde ich später ein fünfseitiges Protokoll über die Vernehmung finden.

„Wurden während Ihrer Ehe durch Ihren Mann Gedanken hinsichtlich einer Wohnungsänderung in die BRD geäußert?“ - „Wie hat sich Ihr Mann zu der Ablehnung einer Besuchsreise in die BRD verhalten?“ - „Welche schriftlichen Zeugnisse wurden von Ihrem Mann mitgenommen?“ - „Welche Schritte werden Sie selbst unternehmen, um Ihren Mann zu einer Rückkehr in die DDR zu bewegen?“- „Welche Personen können Sie benennen, die einen positiven Einfluss auf Ihren Ehemann im Zuge der Rückgewinnung ausüben könnten?“

Fragen über Fragen prasselten auf mich ein, von denen ich kaum eine ehrlich beantworten konnte, ohne mich selbst in Gefahr zu bringen.

Zu diesem Zeitpunkt war mir längst klar, dass eine Rückgewinnung nicht in Frage kam und von mir auch nicht gewollt war. Bei einer Rückkehr meines Mannes hätte es heftige Auseinandersetzungen und Streitereien zwischen uns gegeben. Er wäre auf keinen Fall glücklich geworden, und ich auch nicht. Irgendwie glaubte ich auch nicht, dass es ohne Repressalien durch die staatlichen Organe gegen ihn und andere Familienmitglieder ablaufen würde. Die Entscheidung lag jetzt bei mir! Entweder wollte ich meine Ehe aufrecht erhalten und ausreisen oder ich blieb in der DDR und trennte mich von meinem Mann. Wahrscheinlich war mir im Unterbewusstsein zu diesem Zeitpunkt schon klar,

wie meine Entscheidung ausfallen würde, aber ich war noch nicht so weit, vor mir selber dazu zu stehen – und schon gar nicht, diese Entscheidung vor anderen zu vertreten. Für mich hieß es, erst mal Zeit zu gewinnen und Schaden zu begrenzen.
Die zweite offizielle Befragung fand am 11. Februar durch den Kreisarzt und meinen Chef statt. Wie schon die Kriminalpolizei, forderten auch sie mich auf, einen Brief an Wolfgang zu schreiben und um Rückkehr zu bitten, Straffreiheit sei garantiert. Wir könnten ja irgendwo anders neu anfangen. Aus der Partei müsse man ihn leider ausschließen. Eine Neuaufnahme sei vorerst nicht möglich.
Langsam regte sich Protest in mir. Warum war es strafbar, in einem anderen Land leben zu wollen?
Als ich Monate später die Briefe, die ich auf Verlangen der Polizei und meiner Vorgesetzten schrieb, noch einmal las, wurde mir bewusst, wie hölzern, kalt und unpersönlich sie klangen. Ich fand den Zwiespalt wieder, in dem ich mich befunden hatte, denn zu diesem Zeitpunkt liefen schon erste Gespräche mit Freunden über einen möglichen Ausreiseantrag, insbesondere wie und wann er zu stellen sein würde. Zudem schrieben wir jeden unserer Briefe neuerdings in dem Bewusstsein, dass Dritte sie lesen würden. Nachdem ich das erste Mal einen nur schlampig wieder zugeklebten Umschlag in den Händen hielt, erschienen mir plötzlich viele der Überwachungsmethoden, von denen ich vorher nur gerüchteweise gehört und an die ich nie so ganz geglaubt hatte, vorstellbar. Daher rechneten wir von nun an auch damit, dass jedes unserer Telefongespräche abgehört wurde. Tatsächlich würde ich später in meiner Stasiakte die Protokolle vieler unserer Telefongespräche lesen können, die über unseren Anschluss gelaufen waren. In dieser Zeit konnten wir nur einmal ein wirklich privates und persönliches Telefonat führen. Es wurde von einem

Freund organisiert, blieb aber einmalig, da wir Angst hatten, dass auch sein Apparat überwacht wurde und wir ihn nicht in Gefahr bringen wollten.
Mein erster Gang durch die Stadt nach dem „Ereignis" war ein Spießrutenlauf. Die Menschen, denen ich begegnete, verhielten sich sehr unterschiedlich, einige grüßten wie immer, andere sahen weg oder wechselten gar die Straßenseite. Auf jeden Fall waren wir die Hauptattraktion in der Kleinstadt Bismark.
Am schlimmsten waren die Morgende, wenn mich beim Aufwachen die Gewissheit überfiel, dass Wolfgang nie wieder diese Wohnung betreten würde.

Er war weg, für immer!

Ergänzung zum Bericht des IMS „Ulf Steinfeld" vom 11.2.88

Das Gespräch verlief völlig ruhig und sachlich, besondere Probleme gab es nicht. Sie weinte sehr oft, wirkte nervös und unkonzentriert. Wir hatten den generellen Eindruck, dass sie von dem Vorhaben ihres Mannes nichts gewusst hat. Sie betonte mehrfach, nicht zu wissen, wie es weitergehen solle.
Mit der Schwiegermutter wolle sie sich sofort in Verbindung setzen, da sich diese zur gleichen Zeit wie ihr Mann in der BRD aufgehalten habe und jetzt zurück ist.
Ich vertrete die Meinung, dass Genannte über die Absicht ihres Mannes nicht informiert war. Es ist noch nicht einzuschätzen, wie sie persönlich vorgehen wird.Nun steht die Frage, wann Krausbeck offiziell als Leiter des Ambulatoriums abgelöst wird und seine Namensschilder an den Türen der Einrichtung verschwinden.Damit wird noch ca. 14 Tage gewartet, um den eventuell anlaufenden Rückgewinnungsprozess nicht zu gefährden.Im Ambulatorium besteht die Stimmung, dieses sofort zu tun.

Gez. U. Steinfeld

Abschrift aus der Stasiakte

KD Gardelegen

Gardelegen, den 10.02.1988

BStU 000045

Abschrift

Abs.: W. Krausbeck
z.Zt. Kiedricher Str. 14
D 6228 Eltville 5

Empf.: Frau Dr. I. Krausbeck
Straße d. Jugend 12
Bismark
DDR 3592

Liebste Inge, liebe Kinder!

Bitte verzeiht mir, daß ich mich auf diese Weise von Euch verabschiede. Ich konnte mit Euch vor meiner Abreise einfach nicht über diese Eventualität reden, da ich Euch nicht unnötig in Konflikte bringen wollte.
Ich habe mich definitiv entschlossen, in der BRD zu bleiben und werde versuchen, mir eine neue, meinen Vorstellungen entsprechende Existenz aufzubauen. Dazu habe ich von allen Seiten großzügige Unterstützung und werde es bestimmt schaffen. Am liebsten täte ich es natürlich mit Euch gemeinsam, aber dazu bedarf es Eurer Entscheidung, zu mir nachkommen zu wollen. Wenn dies der Fall sein sollte, werden ich und meine Freunde von hier aus alles tun, damit der Prozeß zügig ablaufen kann. Aber wie gesagt, Ihr müßt es wollen.
Liebe Inge, bitte handele nicht aus Verachtung oder aus sonstigen Motiven voreilig und unüberlegt. Bitte glaube mir, daß ich sehr oft überlegt habe, Dich in meine Absicht einzuweihen.
Ich brachte es einfach nicht fertig. Verzeih mir bitte.
Ich hoffe auch, daß Matthias und Andreas versuchen, mich zu verstehen. Ich habe, insbesondere durch die Umstruktuierung keinen Spaß mehr an der Arbeit gehabt und mit Kleine wäre eine fruchtbringende Symbiose nie zustande gekommen. Mir tut es auch leid um alle Mitarbeiter im Ambu, aber mein Leben geht in Riesenschritten weiter und ich sehe bei aller Arbeit keine Fortschritte.
Ich möchte auch alles tun, damit es Euch an nichts fehlt. Wenn Ihr Wünsche habt, so laßt es mich wissen. Sofern es geht, werde ich sie Euch natürlich erfüllen.
Ich wünsche mir jedoch an erster Stelle, daß wir als Familie wieder zusammenkommen. Dazu bedarf es aber Eurer Entscheidung dafür.
Hoffentlich kann Matthias weiter seine Schule besuchen.
Anderenfalls wäre dies ja ohnehin ein dringender Grund!
Um die Zukunft der Kinder hier brauchst Du Dir keine Gedanken zu machen.
Übrigens bin ich seit heute stolzer Besitzer eines eigenen Audi 100 (115 PS). Ich bekam ihn zum Geschenk, damit ich bei der Erledigung anstehender Aufgaben flexibel bin.

Überhaupt muß ich sagen, daß es mir an nichts fehlt.
Ich habe meine eigenen 2 Wohnräume und alles, was man zum Leben braucht, einschließlich ausreichend Konfektion.
Für heute genug. Ich bitte Euch nochmals sehr um Verzeihung.
Seid vielmals herzlich gegrüßt und geküßt.

In Liebe

Dein Wolfgang, Euer Vater.

Brief aus der Stasiakte zur Vorlage bei der Abteilung Innere Angelegenheiten

Lieber Wolfgang!

Bismark, den 13.2.88

Dein für uns alle recht unfaßbarer Entschluß hat uns, wie Du Dir sicherlich denken kannst, vor einige Probleme gestellt. Mittlerweile ist fast eine Woche vergangen, und mein Gesundheitszustand hat sich wesentlich verbessert.
Du fehlst uns allen sehr. Besonders die Kinder sind von Deinem Schritt stark betroffen, und sie fragen oft nach Dir. Ich habe nie gedacht, daß unser harmonisches Zusammenleben durch derartige Dinge erschüttert werden könnte. Wir brauchen Dich und wir gehören zusammen.
In den bisher stattgefundenen Gesprächen wurde ich angehalten, Dir diesen Brief zu schreiben. Ich soll D. bitten, Deinen Schritt noch einmal zu überdenken. Bei einer Rückkehr zu uns würde Dir Straffreiheit sowie weitere berufliche Entwicklung zugesichert. Es würde bei Deiner Rückkehr alles so weiter gehe wie bisher.
In meiner Aufregung kann ich zur Zeit keinen klaren Gedanken fassen und weiß nur, daß wir als Familie wieder zusammenkommen müssen. Auch Deinen Bruder habe ich gebeten, nochmals mi Dir zu sprechen und in unserem Sinne positi auf Dich einzuwirken. Wir bitten Dich nochmals eindringlich, die Dir gemachten Angebote wahrzunehmen. Du fehlst uns sehr und wir würde uns freuen, Dich bald wiederzusehen.

Es grüßen Dich
Jutta, Matthias u. Andreas

Brief an Wolfgang

Bismark, den13.2.88

Lieber Wolfgang!

Dein für uns alle recht unfassbarer Entschluss hat uns, wie Du Dir sicherlich denken kannst, vor einige Probleme gestellt. Mittlerweile ist fast eine Woche vergangen, und mein Gesundheitszustand hat sich wesentlich verbessert.

Du fehlst uns allen sehr. Besonders die Kinder sind von Deinem Schritt stark betroffen und sie fragen oft nach Dir. Ich habe nie gedacht, dass unser harmonisches Zusammenleben durch derartige Dinge erschüttert werden könnte. Wir brauchen Dich und wir gehören zusammen.

In den bisher stattgefundenen Gesprächen wurde ich angehalten, Dir diesen Brief zu schreiben. Ich soll Dich bitten, Deinen Schritt noch einmal zu überdenken. Bei einer Rückkehr zu uns wurde Dir Straffreiheit sowie weitere berufliche Entwicklung zugesichert. Es würde bei Deiner Rückkehr alles so weiter gehen wie bisher.
In meiner Aufregung kann ich zur Zeit keinen klaren Gedanken fassen und weiß nur, dass wir als Familie wieder zusammen kommen müssen.

Auch Deinen Bruder habe ich gebeten, nochmals mit Dir zu sprechen und in unserem Sinne positiv auf Dich einzuwirken. Wir bitten Dich nochmals eindringlich, die Dir gemachten Angebote wahrzunehmen. Du fehlst uns sehr und wir würden uns freuen, Dich bald wiederzusehen.

Es grüßen Dich

Inge, Matthias u. Andreas

Abschrift Brief an Wolfgang

Liebe Vati!

Ich weiß garnicht, wie ich anfangen soll. Mir geht zur Zeit soviel durch den Kopf, daß ein schnelles Verarbeiten schier unmöglich macht.
Die Lage, in die Du uns gebracht hast, ist nicht sehr erbaulich und erfreulich. Ich bin in der glücklichen Lage Dir zu sagen, daß es Mutti langsam besser geht. Bei Andreas fällt mir ein Urteil schwer, da er sehr verschlossen ist, ist ja auch kein Wunder, nach all dem Geschehenen. Eins steht für uns fest, wir brauchen Dich sehr doll und hoffen dasgleiche von Dir!
Diese Woche war sehr anstrengend, da ich mich ja um fast alles kümmern mußte und das aus einer plötzlichen Situation heraus, nicht gerade einfach für mich. Aber möchte ich aber sagen, daß mir dies glaube ich ganz gut gelungen ist. Wir 3 halten fest zusammen und hoffen, daß wir bald wieder 4 sind, weil dies am letzten und schönsten ist, trotz aller kleinen Streitigkeiten, die sich wohl über all aufheben.

Anfang eines Briefes an Wolfgang von Matthias und Abschrift

Lieber Vati, 13.2.88

Ich weiß gar nicht, wie ich anfangen soll. Mir geht zur Zeit soviel durch den Kopf, das ein schnelles Verarbeiten schier unmöglich macht. Die Lage, in die Du uns gebracht hast, ist nicht sehr erbaulich und erfreulich. Ich bin in der glücklichen Lage, Dir zu sagen,

dass es Mutti langsam besser geht. Bei Andreas fällt mir ein Urteil schwer, da er sehr verschlossen ist, ist ja auch kein Wunder nach all dem Geschehenen. Eins steht für uns fest, wir brauchen Dich sehr doll und hoffen dasgleiche von Dir.
Diese Woche war sehr anstrengend, da ich mich ja um fast alles kümmern musste und das aus einer plötzlichen Situation heraus, nicht gerade einfach für mich. Hier möchte ich aber sagen, dass mir dies, glaube ich, ganz gut gelungen ist. Wir 3 hier halten fest zusammen und hoffen, dass wir bald wieder 4 sind, weil dies am besten und schönsten ist, trotz aller kleinen Schwierigkeiten, die so wohl überall auftreten.

Mir ist viel durch den Kopf gegangen und ich versuche mir ein Bild zu machen, warum Du dies getan hast. Ich für meinen Teil bin der Ansicht, dies sei zu akzeptieren (die Gründe hast Du ja dargelegt) (gerade kam Dein Anruf, endlich ein Lebenszeichen von Dir, warte schon so lange darauf).

Sollte ich Dir fremd erscheinen, so musst Du das entschuldigen, denn es war auch für mich ein Schock und den kann man nicht so schnell abbauen, trotzdem habe ich Dich aber lieb, vielleicht auf meine etwas eigenartige Weise. Versuche das bitte zu verstehen. Danke.

Uns wurde viel geholfen besonders von Siemann's und dort warte ich auf Deine Anrufe ab 18.00 Uhr. Du kennst doch Uli's Krankengeschichte. Ihm geht es sehr schlecht. Vielleicht könntest Du irgendetwas für ihn tun? Mir liegt sehr viel daran, dass es ihm bald besser geht, denn er war trotz seiner Krankheit immer für uns da.
Bei Dir läuft es also gut, das freut mich. Hoffentlich läuft es auch bald für uns besser. Ich stehe zu Dir, egal was passiert und wie sich alles entwickelt, dessen kannst Du gewiss sein.

Dein Matthias

Auszug aus einem Fernschreiben

Bv magdeburg, abteilung roem.09/2
Mur llrtvv mueller/falke

2.5 mit haft, haftbefehl erlassen am 16.02.88 gemaesz paragraph 213 (2) stgb

der beschuldigte teilte seiner ehefrau fernmuendlich und in einem brief, poststempel vom 04.02.88, mit, dasz er nicht in die ddr zurueckkehren wird.
der beschuldigte krausbeck begruendete seine rechtswidrige nichtrückkehr in die ddr gegenueber der zeugin damit, dasz er sein leben in der brd neu beginnen will, da er durch umstrukturierungsmasznahmen im bereich des gesundwesens im kreis gardelegen nur nachteile habe. Sein entschlusz, in der brd zu bleiben, so teilte er weiterhin mit, sei unumstoeszlich.

Auszug Stasiakte BStU 79, 22.2.1988

gegen den k., wolfgang und seine ehefrau krausbeck, geb. schroeder, ingeborg, wurde durch die abt. 9 der bv magdeburg ein ermittlungsverfahren eingeleitet.

sie werden deshalb gebeten, nachfolgende massnahmen zu veranlassen:

pruefung von moeglichkeiten zur einbeziehung des schroeder, lutz in rueckgewinnungsmasznahmen sowie zur positiven beeinflussung seiner schwaegerin krausbeck, ingeborg.

pruefung von moeglichkeiten zur einbeziehung der schroeder, charlotte in rueckgewinnungsmassnahmen sowie zur positiven beeinflussung ihrer tochter krausbeck, ingeborg, damit sich diese, nach dem scheitern einer rueckgewinnung, von ihrem mann distanziert.

Abschriften aus der Stasiakte

129

Abteilung 26

Stendal, 29.02.1988
schel

KD Gardelegen
Gen. Jachmann

Streng vertraulich

KK "Klinik"

Information A 388/88/

Ks. 118

Wolfgang K r a u s b e c k spricht mit seiner Frau I n g e.

Sie bestätigen sich gegenseitig, daß ihr Befinden gut ist. Wolfgang berichtet, daß P e t e r heute gekommen ist und sie hätten schon heiß diskutiert. Inge hat heute gearbeitet. Wolfgang arbeitet noch nicht. Er hat erst einmal seine Papiere erledigen müssen. Jetzt läuft alles über die zentrale Vermittlung in Frankfurt. Peter wird der Inge berichten. Wolfgang erfährt auf seine Frage, daß es den Kindern gut geht. Inge erzählt, daß sie am Mittwoch nochmals eine große Gesprächsrunde hatten. Wolfgang weiß es schon von Peter. Den Brief hat Inge erhalten.

Inge soll dem Wolfgang "von der anderen Seite" noch ausrichten, daß ihm Straffreiheit zugesichert wird. Wolfgang nimmt das zur Kenntnis. Er will mit Peter alles durchsprechen bzw. will er der Inge alles noch einmal schreiben. Im Prinzip gibt es aber zu dem, was er bereits geschrieben hatte, praktisch keine Änderung. Inge will das gleich so hinnehmen, denn dann braucht sie nicht mehr lange zu warten. Wolfgang bringt zum Ausdruck, daß er nur möchte, daß sie wieder zusammenkommen. Inge will wissen, ob er sich diesbezüglich sicher ist. Wolfgang ist sicher, daß er das möchte. Inge schlägt das alles auf den Magen. Wolfgang äußert, daß er sie und die Kinder lieb hat, deshalb möchte er, daß sie sich als Familie wieder vereinigen, egal wie, aber sie müssen zusammen. Inge antwortet nur mit "Mm." Wolfgang soll von allen anderen grüßen. Er will sich wieder melden.

Inge bestellt Grüße an E v a. Sie fragt dann, ob Wolfgang Chancen sieht in seinem Beruf. Wolfgang sieht gute Chancen, allerdings im nördlichen Raum, wie Niedersachsen und Schleswig-Holstein.

Inge bestellt noch Grüße von Friedrich und Martina. Wolfgang bedankt sich und erwidert diese.

Wolfgang betont abschließend nochmals, daß er Inge liebt und möchte, daß sie irgendwann als Familie wieder zusammen sind. Er läßt Grüße an die Kinder ausrichten. Wolfgang fragt noch, was er schicken kann, aber Inge braucht nichts.

26.02. 20.43 Uhr.

Verteiler: BKG / KD Gard.

Scheller
Hptm.

Kopie aus der Stasiakte

Freunde und Familie fangen uns auf

Alle unsere Freunde boten uns sofort Hilfe und Unterstützung an und auch die Familie war für uns da.
Mein Bruder Lutz kam gleich am 7. Februar abends zu uns nach Bismark. Er war geschockt, völlig verstört und konnte nicht glauben, dass ich nichts von Wolfgangs Vorhaben gewusst haben sollte. Sein Gesicht war blass und er schaute mich immer wieder fragend an. Zum ersten Mal bemerkte ich, dass seine Haare grau wurden und sich vermehrt Falten abzeichneten. Er saß gebeugt und ratlos vor mir, versprach uns jedoch jede nur mögliche Unterstützung.
Obwohl Matthias alle Freunde telefonisch gebeten hatte, uns vorerst nicht zu besuchen, kamen schon in den ersten Tagen viele vorbei. Im Bademantel, blass, mit wirrem Haar und unter Beruhigungstabletten gab ich sicher eine trübselige Erscheinung ab. Einige wussten nicht, was sie sagen sollten. So ähnlich stellte ich mir Kondolenzbesuche vor. Einen Toten gab es zum Glück nicht zu beklagen, aber jemanden, der in der BRD geblieben war und wahrscheinlich keine Vorstellung hatte, in welchen Schlamassel er uns hinein gezogen hatte.
Wolfgangs Entschluss stieß bei fast allen auf Unverständnis. Vielleicht kümmerten sich auch deshalb viele rührend um uns. Unsere Freundin Margitta kam jeden Tag, um nach uns zu sehen, brachte sogar Suppe mit. Es war angenehm und tröstlich in dieser Weise bemuttert zu werden. Am Abend vor Wolfgangs Abreise hatten wir mit ihr und Uli gemütlich zusammen gesessen und Abschied gefeiert.
Mit Wolfgangs Bruder Hans-Peter telefonierten wir regelmäßig. Er war der festen Überzeugung, dass Wolfgang ein tolles Angebot im Westen erhalten hatte, eine Wohnung vorhanden war und berechtigte Hoffnung auf baldige Familienzusammenführung bestand. Ich glaubte ihm seine

Luftschlösser nur zu gern. Zum ersten Mal regte sich ein kleines Fünkchen Hoffnung in mir. Alle gingen ganz selbstverständlich davon aus, dass wir drei einen Ausreiseantrag stellen und in die BRD aussiedeln würden.
Hans-Peter wollte außerdem, dass wir nach Nordhausen umzogen, damit er uns besser unterstützen könnte. Zu diesem Schritt war ich nicht bereit. Auch die Kinder wollten in Bismark bleiben, wo sie ihre gewohnte Umgebung und ihre Freunde hatten. Mein Schwager meinte auch, dass ich meine Arbeit aufgeben sollte. Wenn ich gewusst hätte, dass dies etwas bringen würde! Aber alle Prognosen, die ich bisher gehört hatte, gingen von einer Wartezeit von bis zu vier Jahren aus, wenn ich mich entschließen sollte, einen Ausreiseantrag zu stellen. Dieser Zeitraum war für mich unvorstellbar. Auf keinen Fall wollte ich eine so lange Zeit ohne Arbeit in Nordhausen bleiben und warten.
Obwohl ich krank geschrieben war, hatte ich vom Kreisarzt und von meinem Chef die Genehmigung erhalten, einige Tage zu meiner Mutter nach Halberstadt zu fahren, um etwas Abstand zu bekommen. Außerdem war am 16. Februar die Silberhochzeitsfeier meines Bruders Lutz und seiner Frau Marlen geplant. Einerseits war mir überhaupt nicht zum Feiern zumute, andererseits wollte ich gern dabei sein. Es ergab sich, dass Hans-Peter Andreas und mich am 13. Februar abholen konnte, um uns in Halberstadt bei meiner Mutter abzusetzen. Wir diskutierten viel und redeten uns gegenseitig gut zu, dass sich alles bald regeln würde. Nachdem wir das Haus verlassen hatten, befestigten wir ein Haar an der Tür, um nach unserer Rückkehr erkennen zu können, ob jemand während unserer Abwesenheit das Haus betreten hatte. In Kriminalfilmen fand ich das immer ziemlich albern und jetzt ergriffen wir in unserer „sozialistischen Heimat“ selbst solche Maßnahmen, weil wir uns total verunsichert und beobachtet fühlten. Ob wir

schon abgehört wurden? Vielleicht lagen Polizei und Stasi schon auf der Lauer und warteten nur, dass wir einen Fehler machten? Es war unglaublich, wie sich unsere Welt in so kurzer Zeit verändert hatte.

Bei meiner Mutter ging es mir besser, ein Stück Normalität, denn ich war schon früher allein mit den Kindern auf Besuch bei ihr gewesen. Ich konnte die belastenden Gedanken wenigstens vorübergehend zur Seite schieben, es war eine kurze Pause zum Luft holen.

Anlässlich der Silberhochzeitsfeier traf ich zum ersten Mal seit Wolfgangs „Abgang“ auf andere Familienangehörige wie zum Beispiel meinen Cousin und dessen Frau oder die Eltern meiner Schwägerin. Alle waren verwirrt, als sie von unserer Situation erfuhren, kümmerten sich aber sehr liebevoll um uns und machten uns Mut. Ebenso wie unsere Freunde gingen auch hier alle davon aus, dass wir einen Ausreiseantrag stellen würden. Das Zusammensein mit der Familie und den Freunden von Lutz und Marlen, die ich schon seit Jahren kannte, tat mir sehr gut.

Von Magdeburg fuhren Andreas und ich mit dem Zug nach Hause. Bei der Ankunft in Stendal, wo wir umsteigen mussten, regnete es in Strömen und alles wirkte noch grauer und erdrückender als sonst. In unserer Situation erschien es uns unvorstellbar, über eine Stunde auf den nächsten Anschlusszug zu warten und später noch einmal umsteigen zu müssen. Wir nahmen ein Taxi, ein ungeheuerlicher Luxus.

Zu Hause wurde unsere Stimmung jedoch nicht besser, denn hier war ebenfalls alles grau und so furchtbar still, verlassen. Wir kontrollierten zuerst die Tür, das Haar war unberührt. Trotzdem untersuchte ich noch den Tisch sicherheitshalber auf Wanzen, genau wie im Film. Es erschien mir absurd, aber die Angst war zu einem ständigen Begleiter geworden und ließ mich nicht mehr los.

Niemals vorher war die Zeit so langsam vergangen, alle Uhren schienen stehen geblieben zu sein. Frühstück allein, zielloses Laufen durch die Wohnung ohne die geringste Energie, irgendetwas zu tun. Was sollte ich auch tun? Koffer packen? Wenn überhaupt, wann würde ich sie brauchen? Außerdem konnte ich mich einfach zu keiner endgültigen Entscheidung durchringen, mich quälte der Gedanke, Familie und Freunde hier zurück lassen zu müssen, zu sehr.
In Osterburg bei unserem Freund Friedrich, mit dem wir zusammen die Facharztausbildung im Seehäuser Krankenhaus gemacht hatten und schon seit Jahren eng befreundet waren, und dessen Frau Martina fand ich wie erhofft Trost und Verständnis. Außerdem stellte er mir einen neuen Krankenschein aus, denn ich fühlte mich noch nicht in der Lage, meine Arbeit verantwortungsvoll auszuüben und meinen Mitarbeitern, Kollegen und Patienten gegenüberzutreten.
Unsere Freunde riefen weiterhin an oder kamen vorbei. Uli oder Margitta sahen wir täglich. Ende Februar besuchte uns meine Schwiegermutter, die stark unter der Situation litt und sich unbegründet Vorwürfe machte. Als Wolfgang in der BRD den Entschluss fasste, nicht zurückzukehren, befand sie sich gerade in Pforzheim bei einer Freundin. Wolfgang besuchte sie dort am 15. Februar und teilte ihr seinen Entschluss mit. Die Fahrt zurück nach Thüringen fiel ihr unheimlich schwer. Doch sie hatte ihren älteren Sohn mit Familie in der DDR und wollte auch uns zur Seite stehen. Wolfgangs Bruder durfte kurzfristig noch einmal in die BRD fahren, um ihn zu überreden, in die DDR zurückzukommen. Als Invalidenrentner hatte er bis zu diesem Zeitpunkt die Möglichkeit, jederzeit auch ohne Einladung zu reisen. Nach Hans-Peters Rückkehr und dem missglückten Versuch, seinen Bruder zur Rückkehr zu bewegen, wurde sein Reisepass eingezogen, ebenso der meiner Schwiegermutter.

Margitta brachte mir bei einem Besuch den neuesten Klatsch aus unserem Städtchen mit: In Bismark wurde erzählt, dass ich in einer Nervenklinik lag. Na ja, was nicht ist, kann ja noch werden. Fast musste ich schmunzeln. Nichts kann so schlimm sein, dass die Leute es nicht gern noch ein bisschen mehr ausschmücken und dramatisieren. Matthias brachte Nachrichten aus Tangerhütte mit. Dort wusste man zu berichten, dass Wolfgang mich schon immer betrogen und ich selbst oft Seitensprünge gemacht hatte. Es sei unmöglich, dass ich ihm auch noch hinterher fahren wolle!

In Tangerhütte kannte ich keine Menschenseele und wunderte mich, woher die Leute ihre Informationen hatten. Sie wussten wirklich viel mehr als ich – und im Gegensatz zu mir auch schon, wie ich mich entscheiden würde.

Die Staatsbürgerin Ingeborg Krausbeck

Aufgewachsen in einer Arbeiterfamilie, der Vater Kommunist aus Überzeugung, war es für mich selbstverständlich, in einem Arbeiter- und Bauernstaat zu leben, in dem der Sozialismus aufgebaut wurde. Mein Vater war zutiefst von der Notwendigkeit und Richtigkeit dieses Staates überzeugt und lehnte deshalb auch das Angebot seines Bruders ab, ihm Wohnung und Arbeit im Westen zu besorgen. Seine sieben Brüder und eine Schwester lebten in der BRD.

Die ersten Lebensjahre verbrachte ich in einfachen, aber glücklichen Verhältnissen. Unsere Familie hielt sich viel im Schrebergarten auf und unternahm an den Wochenenden ausgedehnte Spaziergänge in die naheliegenden Wälder.

In der Schule trat ich den Jungen Pionieren bei und jahrelang trug ich zu besonderen Anlässen zunächst das blaue und später das rote Halstuch mit Stolz. So war es für mich selbstverständlich, dass ich auch Mitglied der FDJ wurde. Mein Vater war durchaus kein verknöcherter Kommunist der alten Schule, sondern eher ein unbequemer Genosse, der als ehrenamtliches Mitglied beim Rat der Stadt wegen seiner kritischen Bemerkungen nicht sonderlich beliebt war. Er war jemand, der sich einmischte, nicht nur in die Politik, sondern auch im täglichen Leben, wenn z.B. jemand Papier auf die Straße fallen ließ oder über die Rasenflächen im Park lief.

Mein Bruder Lutz nahm regelmäßig an organisierten Sportveranstaltungen teil und nutzte im Winter häufig eine Skihütte im Harz, natürlich alles kostenlos. 1959 absolvierte er sein Abitur mit Auszeichnung. Ich war die stolzeste kleine Schwester, die man sich vorstellen kann. Er begann anschließend ein Studium in Magdeburg und war zu diesem Zeitpunkt das einzige Kind von den insgesamt acht Geschwistern meines Vaters, das studieren konnte.

Meine positive Einstellung zu unserem Land wurde durch den Geschichts- und Staatsbürgerkundeunterricht in der Schule stark beeinflusst. In Erinnerung sind mir Bücher wie „Makarenko“ und „Wie der Stahl gehärtet wurde“, die ich mit Begeisterung las. In ihnen kamen Werte zum Ausdruck wie Ehrlichkeit, Zuverlässigkeit, Fleiß, Sicherheit und Vertrauen, die auch mein Leben bestimmen sollten.

Da für mich unser Leben und der Alltag in der DDR selbstverständlich waren, kümmerte ich mich relativ wenig um Politik. Bis zum Mauerbau am 13. August 1961 besuchten wir jedes Jahr im Januar meine Oma väterlicherseits, die beim jüngsten Bruder meines Vaters in Dortmund lebte. Als sie verstarb, durfte mein Vater nicht zur Beerdigung seiner Mutter fahren. Das verwunderte mich. Da er die Ablehnung zwar traurig, aber mit Fassung trug, dachte ich nicht weiter darüber nach. Ich war dreizehn Jahre alt.

1968 protestierten zwei Schüler meiner Klasse gegen den Einmarsch der Truppen aus der UdSSR und DDR in die CSSR mit einem Schreiben, das sie an der Wandzeitung aushängten. Gerade während dieser Zeit machte ich mit meinen Eltern in der Nähe von Dresden Urlaub und hörte in der Nacht die Geräusche, die von den fahrenden Panzern verursacht wurden. Dieser Lärm machte mir Angst, jedoch wollte ich gar nicht so genau wissen, welchen Hintergrund diese militärische Aktion hatte.

Die Sowjetunion war für mich in erster Linie das Land, das die Deutschen angegriffen und mit unendlichem Leid überzogen hatten. 1945 hatte die sowjetische Armee Deutschland vom Nationalsozialismus befreit. Welche Tragödien sich im Umfeld dabei abgespielt hatten, war mir nicht bekannt. Ebenso wenig wusste ich etwas über die Gräueltaten, die Stalin zu verantworten hatte, denen auch viele Kämpfer der Revolution und der kommunistischen Bewegung zum Opfer fielen.

Wenn mir Missstände in der Planwirtschaft auffielen, war ich der Meinung, dass Fehler zur Entwicklung dazugehörten und die da oben in der Regierung sicher nicht alles wussten, was auf den unteren Ebenen passierte. Es gab bei mir wenige Zweifel an der Richtigkeit des Systems.

Ich befürwortete diesen Staat. Meine Einstellung beruhte auf der Erziehung, speziell durch meinen Vater, und die ständige Einflussnahme durch den Staatsapparat (Schule, Presse, Fernsehen u.v.m.).Was ich empfand, brachte Markus Wolf in seinem 1989 erschienen Buch „Die Troika“ auf den Punkt:

„Das Gefühl der Zusammengehörigkeit zu einer großen Gemeinschaft, das Wissen, nicht auf sich allein angewiesen und auch für andere da zu sein – das waren Eigenschaften, die im Leben eines jeden eine Rolle spielen sollten.“

In meinem Sinne äußerte sich auch Wolfgang Leonard in „Die Revolution entlässt ihre Kinder":
„Was wir wünschten, war nichts weiter, als innerhalb dieses Systems – ein anderes konnte ich mir zu jener Zeit nicht vorstellen – etwas freier und ungezwungener leben zu können und stärkeren geistigen Kontakt mit dem Ausland zu haben."
Die Lockerung im Reiseverkehr und die offene Kritik in Kabarettprogrammen unter Erich Honecker waren für mich Zeichen, dass die Entwicklung vorwärts ging, das Leben freier wurde.

Die Staatssicherheit tritt in unser Leben

Mit mulmigen Gefühlen machte ich mich am 24. Februar auf den Weg ins Rathaus, wo ein Gespräch mit Beamten der Staatssicherheit stattfinden sollte. Was würde mich dort erwarten? Ich war immer noch krank geschrieben und fühlte mich angeschlagen. Unsicher und ängstlich lief ich zügig durch die Stadt, um pünktlich dort zu sein, hing meinen Gedanken nach, bis mir zwei Männer auffielen, beide im grauen Anzug, mit Aktenkoffer, korrektem Haarschnitt. Sie passten so gar nicht in unser Kleinstadtbild. Beide schauten sich suchend um, stiegen in einen weißen Wartburg und fuhren Richtung Stadtmitte. Vor dem Rathaus sah ich die beiden wieder. Sie stellten sich als Mitarbeiter der Staatssicherheit vor und wir betraten gemeinsam das Gebäude. In einem Büroraum, der den Eindruck machte, hier habe sich seit dreißig Jahren nichts verändert, mit den typischen Regalen für Ordner und dem Geruch nach Staub und Bohnerwachs, wurde ich gebeten, an einem großen Schreibtisch Platz zu nehmen. Einer der Männer stellte die Fragen, während der andere mich unablässig beobachtete und sich Notizen machte. Bei mir lief das nun schon gewohnte Ritual ab: konzentriert zuhören, genau und ruhig überlegen, keine voreilige, verfängliche Antwort geben. Jetzt zahlte sich aus, dass ich nichts von dem Fluchtvorhaben gewusst hatte. Obwohl mich dieser Vertauensbruch sehr gekränkt und enttäuscht hatte, erkannte ich, dass Wolfgang mich vor Falschaussagen beschützen wollte, indem er mich nicht in sein Vorhaben eingeweiht hatte. Verfänglich konnte für mich nur das Telefonat mit der Nachricht, nicht in die DDR zurückkehren zu wollen, werden.

Im Nachhinein kann ich mich genau an den Raum erinnern, nicht aber an das Aussehen der beiden Männer. Das wiederholte sich auch bei den Mitarbeitern der Abteilung Inneres. Ich baute wohl einfach eine Schutzmauer gegen diese Menschen auf, die nur damit beschäftigt waren, andere zu bespitzeln. Matthias meinte hingegen, die würden absichtlich so ausgewählt, damit man sich nicht an sie erinnern könne.

Die Beamten waren höflich, aber unzufrieden, weil ich mich über meine weiteren Pläne für die Zukunft nicht konkret äußerte. Als ich ihnen mitteilte, dass meinem Mann im Falle seiner Rückkehr schon zweimal Straffreiheit versprochen worden war, waren sie ziemlich überrascht, weil angeblich nur sie von der Staatssicherheit dieses Zugeständnis machen könnten. Das machte mir einiges über die Glaubwürdigkeit von Zusagen und Versprechungen der staatlichen Organe deutlich.

Zum Abschluss kündigten die beiden Mitarbeiter der Stasi eine Vernehmung meiner Schwiegermutter an. Auf meine Bedenken wegen ihres gesundheitlichen Zustandes erwiderten sie, dass ein Auto vorbeikäme, um sie abzuholen.

Nach dem Mittagessen saß ich mit meiner Schwiegermutter schweigend auf dem Sofa und wartete auf die Stasibeamten. Ich war total angespannt, achtete auf jedes Autogeräusch, lief zum Fenster und schaute hinaus. Mir fiel ein brauner Wartburg auf, war aber sicher, dass damit kein Stasimitarbeiter unterwegs wäre. In diesem Augenblick klingelte es schon an der Tür. Ich hatte mit zwei bis drei Personen gerechnet, aber vor mir standen sechs Männer: Staatssicherheit Magdeburg und Gardelegen und ein Mitarbeiter des Gerichts aus Gardelegen als Zeuge der Hausdurchsuchung. Ein Durchsuchungsbefehl wurde mir vorgelegt. Damit hatte ich überhaupt nicht gerechnet. Zwei Mitarbeiter nahmen meine Schwiegermutter zum Verhör mit ins Rathaus und die anderen gingen mit mir ins Wohnzimmer. Die Durchsuchung war recht unspektakulär. Es wurden keine Türen und Schubladen aufgerissen, nicht in unseren privaten Sachen gewühlt. Nachdem ich die noch vorhandenen Zeugnisse, Urkunden und andere Dokumente Wolfgangs übergeben hatte, musste ich noch einmal Rede und Antwort stehen. Alles wurde protokolliert.

Dieser Tag hatte uns viel Kraft abverlangt! Das lag nicht nur am geballten Auftreten der Staatsmacht. Auch in unseren Gesprächen untereinander drehten wir uns immer wieder im Kreis – ein Zustand, der an den Nerven zerrte! Meine Schwiegermutter wünschte sich, dass ihr Sohn und wir bald wieder als Familie zusammenkommen würden. Uns beiden war klar, dass das nur in der BRD möglich war.

Reisen waren für uns immer eingeschränkt gewesen, aber erst zu diesem Zeitpunkt spürte ich schmerzhaft, was das bedeutete. Ich fühlte mich zum ersten Mal eingesperrt wie in einem Gefängnis. Ein Ehepaar in Deutschland, mitten in Europa, Ende des 20. Jahrhunderts, konnte sich nur noch über Briefe, die von Dritten gelesen wurden, und Telefonate, die abgehört wurden, verständigen. Ermittlungsverfahren wurden eingeleitet wie bei Straftätern, weil einer seinen Wunsch wahr gemacht hatte, in ein anderes Land zu ziehen. Erst in dem Augenblick, als es mich und meine

Familie betraf, wurde mir klar, wie eingeschränkt unsere Freiheit war, wie schnell jeder vom normalen Staatsbürger zum Opfer bzw. Täter werden konnte. Meine Einstellung zur DDR hatte erhebliche Risse bekommen.
In den vergangenen Wochen hatte ich deutlich an Gewicht verloren und lief mit leicht gebeugtem Rücken und ernstem Gesicht herum. Die meiste Zeit grübelte ich über unsere gegenwärtige Situation und versuchte, Klarheit in meine Gedanken zu bringen. Im Fernsehen sah ich Filme an und wusste anschließend nicht, wovon sie gehandelt hatten. Selbst Bücher zu lesen war unmöglich, weil meine Gedanken immer abschweiften. Ich befand mich in einem Schwebezustand, drückte mich vor einer Entscheidung und wusste doch, dass ich mich den Tatsachen stellen musste. Das konnte mir niemand abnehmen. Beruhigungstabletten nahm ich inzwischen nicht mehr ein. Ich brauchte einen klaren Kopf.
Wie würden die Kinder und ich in einem völlig anderen System zurecht kommen? Hatten Wolfgang und ich als Paar noch eine gemeinsame Zukunft? War es die richtige Entscheidung, einen Ausreiseantrag zu stellen?

Auszüge aus dem Protokoll über die Befragung der Staatssicherheit vom 24.2.88

Mir wurde eröffnet, dass ich im Ermittlungsverfahren gegen meinen Ehemann Krausbeck, Wolfgang, zeugenschaftlich vernommen werden soll. Wie bereits am 9.2.88 erklärt, mache ich vom Aussageverweigerungsrecht keinen Gebrauch.
Frage:
Welche Erkenntnisse erlangten Sie zwischenzeitlich über die Nichtrückkehr Ihres Ehemannes?
Antwort:
Die Situation ist weiterhin so, dass mein Ehemann Wolfgang nicht in die DDR zurückkommen will und er

von mir möchte, dass ich mit unseren beiden Kindern in die BRD komme. An Scheidung denke ich überhaupt nicht.
Frage:
Welche Kontakte haben Sie zwischenzeitlich zu Ihrem Ehemann in die BRD aufgenommen?
Antwort:
Am 14.2.1988 habe ich diesen Brief postalisch zum Versand gebracht. In diesem Brief habe ich auch mit hineingeschrieben, dass meinem Ehemann Straffreiheit zugesichert wird, wenn er in die DDR zurückkehrt. Am 21.2.1988 rief dann mein Ehemann Wolfgang aus der BRD an. Erinnerlich ist mir, dass Wolfgang mir sagte, er habe meinen Brief vom 14.2.1988 erhalten und werde diesen auch beantworten. Dann teilte er mir mit, dass er auf keinen Fall in die DDR zurückkehren wird und er möchte, dass ich mit den Jungen auch in die BRD komme.
Mitteilung:
Seitens der Untersuchungsorgane wird Ihnen am heutigen Tage nochmals mitgeteilt, dass Ihrem Ehemann bei Rückkehr in die DDR Straffreiheit für die Nichtrückkehr am 6.2.1988 von einer Besuchsreise in die BRD zugesichert wird!
Antwort:
Ich habe die Mitteilung zur Kenntnis genommen. Ich werde an meinen Ehemann nochmals einen Brief schreiben...
Frage:
Unter welchen Umständen haben Ihre Schwiegermutter und Ihr Schwager versucht, Einfluss auf Ihren Ehemann zur Rückkehr auszuüben?
Antwort:
Meine Schwiegermutter, die sich zur Zeit bei mir zu Hause aufhält, war ja vor kurzem in der BRD und ist dort mit Ihrem Sohn zusammengetroffen ...
Eine Rückkehr in die DDR lehnte er ab.
Das Fazit auch für meinen Schwager war, dass Wolfgang nicht in die DDR zurückkehren will.
Frage:
Was ist Ihnen über den gegenwärtigen Aufenthaltsort Ihres Ehemannes in der BRD bekannt?

Antwort:
Meines Wissens, so habe ich das beim letzten Telefonat herausgehört, hält er sich bei seiner Cousine auf.
Frage:
In dem Brief, den Sie am 9.2.1988 übergeben haben, ist enthalten, dass Ihr Ehemann „von Freunden" unterstützt wird.
Antwort:
Mir ist nicht bekannt, welche „Freunde" meinen Ehemann in der BRD unterstützen.

Ich habe das Vernehmungsprotokoll selbst gelesen. Der Inhalt desselben entspricht in allen Teilen den von mir gemachten Aussagen. Meine Worte sind darin richtig wiedergegeben. Das bestätige ich durch meine Unterschrift.

Gez. H., Hptm. Gez. Ingeborg Krausbeck

Abschrift aus der Stasiakte

<u>Auszüge aus dem Einleitungsbericht zum Anlegen einer OPK (operative Personenkontrolle) vom 25.2.1988</u>

Es wird vorgeschlagen, die Personen Krausbeck, Wolfgang und Krausbeck, geb. Schröder, Ingeborg gemäß der Richtlinie 1/81 des Genossen Minister unter OPK zu stellen und diese unter dem Decknamen „Klinik" zu führen.
Begründung:
Seinem Antrag vom 29.12.87 entsprechend erhielt der K., Wolfgang für den Zeitraum vom 24.1.-2.2.1988 die Reise in dringenden Familienangelegenheiten in die BRD zu seiner Cousine.
Sein Entschluss, in der BRD zu bleiben, so teilte er weiterhin mit, sei unumstößlich.
Am 16.2.1988 wurde auf der Grundlage des erlassenen Haftbefehls gem. § 213 (2) StGB ein Ermittlungsverfahren durch die Abt. IX der BV Magdeburg eingeleitet.

Die K., Ingeborg ist bei Nichtrückkehr ihres Ehemannes und auf der Grundlage der Beeinflussung durch diesen bestrebt, gemeinsam mit ihren Kindern auf bisher unbekanntem Wege, ebenfalls in die BRD zu gelangen.

Daraus ergeben sich für die Durchführung der OPK folgende Kontrollziele:

1. Umfassende Aufklärung des Sachverhaltes der rechtswidrigen Nichtrückkehr, vor allem zum tatsächlichen Motiv beider Ehepartner sowie rechtzeitiges Erkennen der Pläne und Absichten des K., Wolfgang zur vorbeugenden Verhinderung eventueller Straftaten, insbesondere gem. § 213 StGB im Zusammenhang mit den Absichten der K., Ingeborg, weiter mit ihrem Ehemann zusammen leben zu wollen.
2. Erarbeitung von Ansatzpunkten für eine mögliche Rückgewinnung des K., Wolfgang durch Aufklärung seiner Rückverbindungen und Ausnutzung dieser für eine Einflussnahme auf den K. zur Rückkehr in die DDR.
3. Schaffung von Voraussetzungen zur langfristigen positiven Beeinflussung der Ehefrau des K., Wolfgang, um bei Scheitern einer Rückgewinnung des Ehemannes eine Abstandnahme von Übersiedlungsabsichten in die BRD zu erreichen.

Politisch-operative Maßnahmen

1. ... nachfolgende IM/GMS zum Einsatz:
   Arbeitsbereich: IMS „Ulf Steinfeld"
   Wohn- und Freizeit-Bereich: FIM „Hans Knappe
   FIM „Linde"
   IMS „Klaus Mallon"
   IME „Läufer"
2. Einleitung von Maßnahmen der Rückgewinnung des K., Wolfgang unter Nutzung der Bereitschaft seiner Ehefrau auf der Grundlage ihrer zeugenschaftlichen Vernehmung vom 24.2.88 durch die Abt. IX.
3. Fortsetzung der Ermittlung des Verwandten- und Umgangskreises sowie Aufklärung der zu den Kontrollpersonen unterhaltenen Verbindungen.

Operativ-technische Maßnahmen

1. Fortführung der eingeleiteten A-Maßnahmen der Abt. 26 (Telefonüberwachung)
2. Weiterführung der laufenden M-Kontrollen zur Ehefrau (Postkontrolle)
3. Einleitung von Fahndungsmaßnahmen in der Abt. M zum jetzigen Aufenthaltsort des K.,Wolf gang in der BRD
4. in der Akte geschwärzt
5. Überprüfung aller im Rahmen der Ermittlungen Bekannt gewordenen Personen in den Speichern des MfS (XII, HA VI, M, HA VIII, Abt. III Sowie ZPDB)

Maßnahmen der Zusammenarbeit mit anderen DE

1. betroffen sind KD Nordhausen-Bruder, KD Stadtroda-Abschöpfung der Mutter, KD Halberstadt-Mutter der K., Ingeborg und KD Magdeburg/Abt. XX-Prüfen von Möglichkeiten zur positiven Beeinflussung der K. durch ihre in Magdeburg wohnhaften Verwandten Bruder und Schwägerin
2. Realisierung der offiziellen Kontenüberprüfungen zur Familie K. in der Stadtsparkasse Bismark
3. Realisierung eines Fernschreibens an die KD Stendal Zur Mitteilung über Nichtrückkehr des K., Wolfgang, da der Sohn Matthias gegenwärtig die EOS Tangerhütte besucht sowie Bitte um Einleitung von Kontrollmaßnahmen zum Verhalten des Sohnes im Internat der EOS.
4. Koordinierung von Maßnahmen zur Person xxx, wh.: Badel mit der KD Salzwedel auf der Grundlage vorliegender Hinweise über persönliche Verbindungen zur Familie K.

Die voraussichtliche Laufzeit der OPK wird mit 1 Jahr vorgeschlagen.

Referatsleiter T

Abschrift aus der Stasiakte

KD Gardelegen
Leiter

Gardelegen, d. 2. 3. 1988
ja-ku 520 /88

BKG
Leiter

Unterstützungsersuchen zur Durchführung der OPK "Klinik"

Der Diplom-Mediziner

Krausbeck, Wolfgang
geb.am: 30. 8. 1948 in Eisenberg

und seine Ehefrau

Dr. Krausbeck, geb. Schröder, Ingeborg
geb.am: 2. 6. 1950 in Halberstadt
beide wh.: 3502 Bismark, Straße der Jugend 12

wurden durch unsere DE unter OPK gestellt, nachdem der K., Wolfgang von seiner Reise in DFA nach der BRD nicht zurückkehrte.
Von 1969 bis 1974 absolvierte der Genannte ein Medizinstudium an der Medizinischen Akademie Magdeburg.
Nach abgeschlossenem Staatsexamen nahm der K., Wolfgang am 1. 9. 1974 im Kreiskrankenhaus Osterburg-Seehausen eine chirurgische Facharztausbildung auf, welche er 1979 erfolgreich beenden konnte und 1981 erfolgte sein Einsatz als Leiter des Stadtambulatoriums Bismark.
Seine Ehefrau, welche von 1970 bis 1975 an der Medizinischen Akademie Magdeburg ebenfalls Medizin studierte, war in den gleichen Einrichtungen des Gesundheitswesens tätig.

Zur weiteren Aufklärung des Umgangskreises des K., Wolfgang sowie der von ihm unterhaltenen Rückverbindungen werden Sie gebeten, eine Überprüfung in den Speichern Ihrer Diensteinheit zur Feststellung ehemaliger Mitstudenten und Arbeitskollegen vorzunehmen, welche die DDR ungesetzlich verlassen haben, nach der BRD übersiedelten bzw. Ersucher auf Übersiedlung nach der BRD sind und von denen eine mögliche Beeinflussung ausgegangen sein kann.

Um Übermittlung der Überprüfungsergebnisse wird gebeten.
Bei notwendigen Rückfragen wenden Sie sich bitte an den Gen. Olt. Jachmann, Tel. 6646 unserer DE.

Meier
Oberstleutnant

Kopie aus der Stasiakte

Erster Ausreiseantrag und seine Folgen

Ein Familienleben, wie wir es bisher geführt hatten, war in der DDR nicht mehr möglich. Unsere Söhne und ich wollten wieder als Familie mit meinem Mann zusammenleben, daraus ergab sich als logische Folge, dass wir einen Ausreiseantrag stellten. Die Verhöre durch Kriminalpolizei und Staatssicherheit und die eindeutig geöffneten Briefe meines Mannes hatten Zweifel am System bei mir hervorgerufen und mein Vertrauen in den Staat erschüttert. Der Ausreiseantrag, den ich am 14.3.1988 formlos stellte, hatte jedoch vorrangig familiäre Gründe.

Familie
Dr. Ingeborg Krausbeck
Str. der Jugend 12

Bismark
3592

Bismark, den 14.3.88

BStU
000170

Rat des Kreises Gardelegen
Abt. Inneres
P.-Müller-Str.18

Gardelegen
3570

Betreff: Ausreise aus der DDR

Hiermit stelle ich für mich, Ingeborg Krausbeck, geb. am 2.6.50, und meine Kinder, Krausbeck, Matthias, geb. am 18.10.70, und Krausbeck, Andreas, geb. am 8.8.74, den Antrag auf Wohnsitz nderung nach der BRD und Entlassung aus der Staatsbürgerschaft der DDR.
Der Grund für unseren Antrag ist Familienzusammenführung.
Nach Kontaktaufnahme mit meinem Ehemann hat er sich endgültig entschieden, nicht mehr in die DDR zurückzukehren.
Da wir bisher ein sehr harmonisches Familienleben hatten, besteht auch weiterhin der beiderseitige Wunsch des Zusammenlebens. Auch die Kinder haben den Wunsch, zu ihrem Vater in die BRD auszureisen.
Wir bitten darum, unserem Antrag stattzugeben.

Kopie aus der Stasiakte

Den Antrag schickte ich per Einschreiben an die Abteilung Inneres beim Rat des Kreises Gardelegen. Die Zeit des Wartens begann.

Ich erhielt eine Vorladung von der Abteilung Finanzen, Sachgebiet Volkseigentum und Treuhandvermögen, zum 16.3.1988. Vor dieser Aussprache verkaufte ich unseren Dacia an meinen Bruder Lutz, weil Gerüchten zufolge eine Beschlagnahme des Autos durch die Behörden möglich war.

Beim Wiedersehen mit Lutz waren wir alle sehr bedrückt. Wir sprachen über die Zukunft, vor allen Dingen darüber, dass wir uns wahrscheinlich für eine lange Zeit nach der Ausreise nicht sehen würden. Ganz sicher würden die Behörden ihm eine Besuchsreise in die BRD nicht genehmigen. Unter dieser Vorstellung litten wir ganz besonders.
Als ich Lutz anbot, sich Werkzeug aus dem Keller auszusuchen, lehnte er mit der Begründung ab, dass das seine Kräfte bei weitem übersteigen würde. Es war ihm nicht möglich, nachdem er Wolfgangs ganzen Stolz, seinen neuen PKW Dacia, gekauft hatte und damit vom Hof fahren wollte, sich jetzt auch noch seine besten Werkzeuge auszusuchen. Den vereinbarten Kaufpreis überwies er auf mein Konto. Ich war froh, das Auto in guten Händen zu wissen und wir hatten ja noch den guten alten „Trabbi“.

Als mein Mann die DDR verließ, besaßen wir zwei Girokonten, auf die unsere Gehälter überwiesen wurden. Das Konto mit Wolfgangs Namen nutzten wir als Sparkonto und es enthielt ein Sparguthaben von 18.000 Mark, eine stattliche Summe, für die wir hart gearbeitet hatten. Mit dem Geld auf „meinem“ Konto bestritten wir alle laufenden Kosten. Jeder von uns war für beide Konten verfügungsberechtigt.

Bei der Unterredung am 16. März teilte mir eine Mitarbeiterin mit unbeteiligtem Gesicht mit: „Nach der Flucht eines Bürgers der DDR ins westliche Ausland wird sein Vermögen von der Treuhand verwaltet. Wir verlangen von Ihnen eine genaue Aufstellung über Konten, Wertgegenstände, Möbel usw. Und vergessen Sie die Autos nicht! Ach, und heben Sie doch bitte in der nächsten Zeit keine größeren Summen vom Konto Ihres Mannes ab. In drei bis vier Wochen klären wir alles Weitere." Zur Bekräftigung der Rechtmäßigkeit wurde ich auf ein Gesetzblatt von 1956 verwiesen.
Das Gespräch löste bei mir Unverständnis, Angst und Wut aus. Was nahm sich diese Frau heraus? Was würde mit unserem Eigentum passieren? Ich war froh, den Dacia an meinen Bruder verkauft zu haben.
Um genauere Informationen zu erhalten, besorgte ich mir einen Termin zur Rechtsberatung. Konnte es wirklich rechtens sein, unser Vermögen einzuziehen? Ein älterer Herr, der mich äußerlich an meinen Vater erinnerte, empfing mich freundlich, reagierte aber ziemlich verständnislos, als er meine Geschichte hörte. Eine Teilung unseres Vermögens hielt er nicht für möglich, da wir nicht geschieden seien. Das mir von der Abteilung Finanzen genannte Gesetzblatt von 1956 war im Gerichtsgebäude nicht auffindbar. So zog ich unverrichteter Dinge wieder ab.

Einige Tage nach dem Gespräch mit der Mitarbeiterin der Abteilung Finanzen schickte mir die Sparkasse Bismark eine Vorladung zu und ich wurde von der Leiterin empfangen. „Ich muss Ihnen mitteilen, dass Ihr gemeinsames Konto gesperrt wurde, da es auf den Namen Ihres Mannes läuft und Sie nur zeichnungsberechtigt sind. Außerdem bitte ich Sie, die 300,00 Mark zurückzuüberweisen, die Sie letzte Woche von dem Konto abgehoben haben."

Völlig überrumpelt und zitternd vor Wut stand ich vor dem Schalter und meine Stimme überschlug sich fast, als ich fragte:
„Wieso haben Sie das Recht, unser Konto zu sperren?" - „Die Anweisung kommt von der Abteilung Finanzen in Gardelegen." - „Ich werde auf keinen Fall die 300,00 Mark überweisen." - „Dann muss die Sparkasse das Geld einklagen." - „Tun Sie das!"

Mehr fiel mir im Moment nicht ein. Ich lief wie in Trance durch die Stadt und überlegte immer wieder, warum unser schwer verdientes Geld, für das wir hart gearbeitet, Dienste gemacht und gespart hatten, einfach eingezogen werden konnte. Zu Hause konnte ich die Tränen nicht mehr zurückhalten. Ich verstand die Welt nicht mehr. Erst in vier Wochen sollte eine Besprechung über die finanziellen Angelegenheiten stattfinden und ich war vollkommen ahnungslos zur Sparkasse gegangen und wurde dort wie der letzte Trottel behandelt. Ich war so aufgebracht und wütend!

Für die Vermögensübersicht hatte ich mir einen Katalog besorgt, um den Wert der Möbel richtig einschätzen zu können. War es nun besser hoch oder niedrig zu schätzen? Ich wusste es nicht. Den Kaufpreis für den Dacia gab ich mit an und lieferte die Liste am 21.3.1988 in der Abteilung Finanzen ab.

„Der Daciaverkauf war unrechtmäßig und ich muss leider die Polizei benachrichtigen", teilte mir die Sachbearbeiterin mit. Das war zu viel für mich. „Wenn bei meinem Bruder die Polizei auftaucht und er Ärger bekommt, tue ich mir was an. Ich bin am Ende und kann nicht mehr."
Die Mitarbeiterin versuchte, mich zu beruhigen und wollte alles klären.

Am Nachmittag bekam ich einen Weinkrampf und war nicht mehr in der Lage, die Sprechstunde durchzuführen. Eine Allgemeinmedizinerin schrieb mich kurzzeitig krank, redete mir aber auch ins Gewissen, dass es so nicht weiterginge, wenn ich das alles unbeschadet durchstehen wolle. Sie hatte Recht. Ich musste und wollte stark sein und mich nicht unterkriegen lassen.

Auszug aus einem Aktenvermerk vom 18.3.1988 Abteilung Finanzen

Am 16.3.88 erschien die Ehefrau des K., Wolfgang, Krausbeck, Ingeborg entsprechend der Vorladung in aufgeführter Abteilung. Nachdem Ihr mitgeteilt wurde, dass sie eine Aufstellung über Konten, PKW, Garagen und den Besitz im Wohnhaus anfertigen und übergeben soll, brachte die K., Ingeborg in Zusammenhang mit der Beschlagnahme der beiden PKW sinngemäß zum Ausdruck, dass es ihr egal sei, ob die Autos von Bismark abgeholt werden. Bei ihr seien inzwischen so viele Menschen ein- und ausgegangen, dass sie überhaupt nichts mehr stört.

Festzustellen war, dass die K., Ingeborg sehr sachlich, ruhig und etwas verschlossen war, weil sie fast alle Maßnahmen kommentarlos entgegen nahm. Teilweise wirkte sie sehr gleichgültig

...

Abschrift aus der Stasiakte

KD Gardelegen Gardelegen, d. 22. 03. 88

BStU
000159

Vermerk über eine Konsultation

Am 21. 03. 1988 wurde durch Unterzeichnenden eine Konsultation mit dem Gen. Hptm. Heier der Abt. IX zum Stand der Bearbeitung der OPK "Klinik" geführt.
Veranlassung war die erfolgte Antragstellung auf Übersiedlung der Ehefrau und der beiden Söhne, welche die Beendigung des Rückgewinnungsprozesses des K. in die DDR bedeutet.
Entsprechend einer Orientierung des Leiters der KD Gen. OSL Meier wurde gemeinsam vereinbart:

1. Einleitung vermögensrechtlicher Maßnahmen über die entsprechenden staatlichen Organe, bzw. Kreisstaatsanwalt zur Beschlagnahme/Einziehung des Vermögens des K.

   . Pkw "Dacia" u. "Trabant"

   . anteiliges Vermögen im gemeinsamen Haushalt mit der Ehefrau

2. Prüfung, ob der Ehefrau des K. der Pkw "Trabant" überlassen werden kann.

3. Sperren und Einziehen der Konten des K.

4. Veranlassung, daß der in Nordhausen wohnhafte Bruder sowie die in Gräfenroda wohnhafte Mutter nicht mehr in das NSA reisen können (Reisepässe ständig sperren)
   Dazu ist mit der Diensteinheit kurzfristig Verbindung herzustellen.

5. Überprüfung der vorhandenen Unterlagen mit Möglichkeit der Offizialisierung zur Erarbeitung des Nachweises, daß durch das MfS bei Befragungen auf die Ehefrau kein Druck ausgeübt wurde, bzw. dabei unsachlich vorgegangen ist.

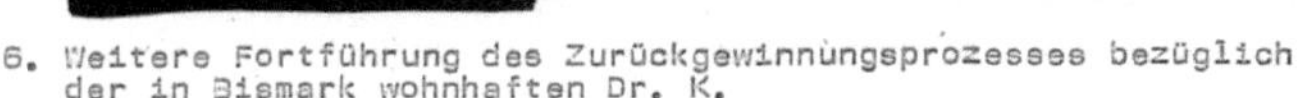

6. Weitere Fortführung des Zurückgewinnungsprozesses bezüglich der in Bismark wohnhaften Dr. K.

   Bekannt ist, daß die Dr. K. vor Schwierigkeiten zurückweicht.
   Die einzuleitenden vermögensrechtlichen Maßnahmen könnten sie verunsichern.

bestätigt:

Leiter der Kreisdienststelle

Meier Lüdeke
Oberstleutnant Oberstleutnant

Kopie aus der Stasiakte

Das Leben geht weiter

In den ersten Tagen nach Wolfgangs Verschwinden fiel es mir schwer, auf die Straße und unter Menschen zu gehen. Ich war mir bewusst, von allen beobachtet zu werden, denn im Augenblick stand ich einfach im Mittelpunkt und jeder wollte gerne wissen, ob ich nun etwas von dem Fluchtvorhaben gewusst hatte oder nicht. Und interessant war auch die Frage, welche Entscheidung ich treffen würde.

Häufig machte ich lange Spaziergänge mit unserem Collie Bronco, die mir Zeit gaben, meinen Gedanken nachzugehen. Die ersten Tage nach dem Ereignis lief der Hund langsam und traurig neben mir her. Seit es mir besser ging, sprang er wieder fröhlich den Feldweg entlang.

Obwohl mich meine Sprechstundenschwestern herzlich empfangen hatten und keine neugierigen Fragen stellten, war die Arbeit in der Praxis sehr kräftezehrend für mich, denn die Gedanken schweiften immer wieder ab und ich musste alle Willensstärke aufbringen, um konzentriert arbeiten zu können.

Die Kinder waren mir eine große Hilfe und unterstützten mich nach Kräften. Sie verstanden sich unter den erschwerten Bedingungen immer besser und die kleinen, bis dahin üblichen Streitereien fielen weg. Beide hatten in der Schule bisher keine Probleme, obwohl auch Matthias dem Direktor gemeldet hatte, dass ein Ausreiseantrag lief. Andreas trainierte regelmäßig im Trainingszentrum für Leichtathletik. Einige Wochen zuvor wäre das ganz normal gewesen, aber unter den jetzigen Bedingungen war ich seinem Sportlehrer unendlich dankbar. Er wurde nachdenklicher und verschlossener, aber auch feinfühliger und besorgter.

Oftmals kam er auf mich zu und drückte mich einfach. Von Matthias bekam ich zur Begrüßung und zum Abschied einen Kuss auf die Wange, was früher eher eine Seltenheit gewesen war.

Wir hatten ein Ziel – die Ausreise. Aber wann würde das sein? Wenn ich einigermaßen gut drauf war, räumte ich auf, sortierte, was wir im Augenblick noch brauchten, was wir mitnehmen wollten, was gleich weg konnte, und einige Dinge, wie Schallplatten oder Küchenutensilien, verschenkte ich an Freunde. Die ersten Pakete mit Büchern gingen in den Westen, davon wollte ich mich auf keinen Fall trennen, denn sie waren alle mühsam erworben. Diesen Paketen sollten noch viele folgen, es würden weit über hundert werden. Zuerst schickte ich sie an verschiedene Adressen von Verwandten, da ich nicht wusste, ob ich Wolfgang überhaupt etwas schicken durfte. Ich fuhr jedes Mal zu einer anderen Post, in der Hoffnung, so weniger aufzufallen. Uli und Andreas räumten an zwei Nachmittagen den Keller auf, der wirklich in einem schlimmen Zustand war. Falls Wolfgang noch mal einen Ortswechsel vornehmen will, möchte er doch bitte vorher Ordnung machen! Am Telefon fragte er, ob wir ihm das Lötzinn in der „Pullmoll"-Dose nachschicken könnten. Das war tatsächlich unglaublich. Er hatte alles zurückgelassen und fragte nach einer Dose mit Lötzinn!

Karfreitag war ich mit Andreas in Nordhausen. Wieder diskutierten wir viel, Vermutungen wurden angestellt und Pläne gemacht. Inneren Frieden konnte ich nicht finden und so fuhren wir nach Bismark zurück. An der Rappbodetalsperre machten wir Halt. Mit meinen naturverbundenen Eltern war ich oft hier gewesen, sogar als die Talsperre noch im Bau war, und auch mit den Kindern hatten wir Ausflüge hierher gemacht. Mich überfiel Wehmut. Würde ich je an die Orte meiner Kindheit und Jugend zurückkehren dürfen, meine Familie und meine Freunde besuchen können?

Trotz meiner Angst vor dem, was die Zukunft bringen mochte, hoffte ich, dass bald etwas passieren würde, denn nichts konnte schlimmer sein als diese Ungewissheit.

Zu diesem Zeitpunkt hatte Matthias eine Freundin, deren Eltern Auslandskader waren, also beruflich auch ins nichtsozialistische Ausland geschickt werden konnten. Solche Einsätze waren der Traum vieler Menschen in der DDR, kamen aber nur für politisch-ideologisch einwandfreie Bürger in Frage. Nachdem bekannt geworden war, dass wir einen Ausreiseantrag gestellt hatten, bedrängten die Eltern ihre Tochter, die Beziehung zu beenden, damit sie ihren Job nicht verloren. Mein Sohn war plötzlich nicht mehr der richtige Umgang.

Matthias wurde zur Musterung vorgeladen. Ursprünglich hatte er die Absicht gehegt, als Offizier auf Zeit zur Nationalen Volksarmee (NVA) zu gehen, um seinen Studienplatz zu sichern und das Studium teilweise zu finanzieren. Für ein Informatikstudium waren drei Jahre NVA ohnehin Bedingung. Beim Wehrkreiskommando war angeblich noch nichts bekannt von einem Ausreiseantrag. Es gab ziemliche Verwirrung und er wurde von einem zum anderen geschickt. Einen „Staatsfeind“ würden sie doch nicht bei den bewaffneten Organen aufnehmen?

Ansonsten vergingen die Tage gleichförmig. Je nachdem, wie gut ich drauf war, kümmerte ich mich auch um Haushalt und Garten. Abends war ich meistens unterwegs. Die Stille im Haus konnte ich nur schwer ertragen.

IMS „Andrea Müller" berichtet, 25.3.88

Information
über Reaktionen der Bevölkerung der Stadt Bismark zum Übersiedlungsersuchen in die BRD der Frau Doktor Krausbeck

In Bismark wird seit geraumer Zeit diskutiert, dass die Frau Dr. Krausbeck einen Antrag auf Übersiedlung in die BRD gestellt hat, um zu ihrem Mann in die BRD zu gelangen, der von einer besuchsweisen Ausreise in die BRD nicht zurück gekehrt ist.
Diese Haltung der Frau Krausbeck stößt bei der Bevölkerung von Bismark auf Ablehnung. Er ist zwar ihr Ehemann, aber er hat doch die Familie getrennt. Richtig wäre die Entscheidung, dass sie sich scheiden lassen soll.
Es wäre unverständlich, wenn die staatlichen Organe ihr Ersuchen genehmigen würden. Gerade sie als Ärztin hat alle Vorzüge unserer Gesellschaft.

Abschrift aus der Stasiakte

Ängste und Misstrauen

Ende Februar, drei Wochen seit Wolfgangs Reise ohne Wiederkehr, klingelte es an der Tür. Ein unauffälliger, freundlicher Mann stand davor und erzählte mir, dass er gerade in der Nähe einen Autounfall gehabt habe. Er bat mich, unser Telefon benutzen zu dürfen. Ich war ganz perplex, ließ ihn aber eintreten. In der Wohnung fragte er mich, ob ich zufällig die Ehefrau des im Westen gebliebenen Arztes sei. Seine Frau sei bei diesem in Behandlung gewesen. Während des Telefongesprächs ließ ich den Mann keinen Augenblick aus den Augen und beobachtete besonders das Telefon, um sehen zu können, ob er an dem Apparat etwas einbaute. An einen Unfall glaubte ich nicht eine Sekunde.

Nach einem Besuch in Osterburg bei Martina und Friedrich machte ich während der Rückfahrt eine neue Erfahrung, als ich bei Dunkelheit zwanzig Kilometer auf schmalen, kurvenreichen Landstraßen unterwegs war und durch ausgedehnte Waldgebiete fuhr: Ich fühlte mich verfolgt.
Lange fuhr ein Lada hinter mir her und überholte auch nicht, als ich das Tempo drosselte. Nervös schaute ich immer wieder in den Rückspiegel. In einem Dorf, etwa auf halber Strecke, bog der Wagen plötzlich ab und ich atmete erleichtert auf.
Jetzt sah ich wirklich schon Gespenster!
Aber kurze Zeit später hängte sich ein Wartburg an meine Stoßstange und blieb dort bis zum Ortseingang von Bismark. Zufall oder nicht, ich war fertig mit den Nerven und vollkommen durchgeschwitzt. Zu Hause suchte ich wieder hektisch alle Tische ab, obwohl ich mich gleichzeitig fragte: „Was suche ich eigentlich und was mache ich, wenn ich etwas finde?" Die ganze Situation war vollkommen irreal.
Freunde in Arendsee organisierten ein Treffen mit einem ihnen bekannten Ehepaar, das ebenfalls einen Ausreiseantrag gestellt hatte. Dieser Antrag lief seit 1 ½ Jahren und ich hoffte, ein paar nützliche Informationen für mein weiteres Vorgehen zu erhalten. Damit unsere Zusammenkunft nicht auffiel, trafen wir alle Absprachen über das Telefon verschlüsselt, parkten an unterschiedlichen Plätzen und kamen nicht gleichzeitig an. Ihre Erzählungen schockierten mich, vor allem, dass die Kinder der Familie in der Schule verprügelt wurden und ein Lehrer sich vor der Klasse geäußert hatte, dass man „Ausreisewillige" aufhängen solle. Unglaublich!
Die Rückfahrt nachts über die Dörfer war unheimlich. Die Landstrassen waren sehr schmal und von Chausseebäumen gesäumt, die gespenstische Schatten warfen. Nachts fuhr

kaum noch ein Auto und wenn doch, setzte sofort meine Verfolgungsangst wieder ein.
An einem Montag während der Spätsprechstunde bemerkten meine Krankenschwestern einen Mazda, der mehrere Stunden vor der Praxis stand, und witzelten schon, dass dort ein Verehrer auf mich wartete. Nach Sprechstundenschluss stand das Auto immer noch dort. Gerade, als ich mich in meinen Wagen setzen wollte, stieg der Fahrer aus und kam auf mich zu:
„Sind Sie Frau Doktor Krausbeck?“ - „Ja.“- „Kann ich Sie ganz kurz einmal sprechen?“ Überrascht stieg ich aus dem Auto und war gespannt, was jetzt käme. „Ich kenne Ihren Mann von den Grenztruppen, bei denen er als Vertragsarzt tätig war. Vor ein paar Tagen habe ich von seiner Flucht gehört.“ Ich wartete ab. „Ich bin in einer ähnlichen Situation wie Sie. Mein Sohn ist von einer Besuchsreise nicht zurückgekommen.“ Ich horchte auf. „Ich hätte gern einen Rat von Ihnen für mich und meine Schwiegertochter.“ - „Was möchten Sie denn wissen?“ - „Vielleicht können Sie mir Tipps geben, wie wir uns weiter verhalten sollen. Wie wurden Sie denn von den staatlichen Organen behandelt?“
Betroffener oder Spitzel? Litt ich an Verfolgungswahn? Vorsicht war geboten! Ich konnte es nicht wagen, diesem Fremden zu vertrauen, auch wenn er meinen Rat und meine Hilfe vielleicht wirklich brauchte. Und welche Ratschläge hätte ich ihm geben können?
Im März funktionierte der Gasdurchlauferhitzer im Bad nicht mehr und wir hatten kein warmes Wasser. Während der herbeigerufene Handwerker bei der Arbeit war, erzählte er mir, dass seine Frau in den Westen geflüchtet war. Genau genommen empfände er das gar nicht als schlimm, weil sie wohl nicht die Richtige gewesen sei und er inzwischen eine neue Partnerin habe. Mit dieser Frau führe er ein harmonisches, ausgefülltes Leben.

Unser Status als Ausreisewillige brachte etwas ganz Neues mit sich: Misstrauen. Ich war in der schwierigen Lage, zu entscheiden, wem ich wirklich in jeder Beziehung trauen konnte oder wer nur den Kontakt zu mir suchte, um mich auszuhorchen. So brachte mich die einfache Frage einer Freundin, die ich schon seit mehreren Jahren kannte und zu der ich eine sehr enge Beziehung hatte, nämlich ob ich mich schon entschlossen habe, einen Ausreiseantrag zu stellen, ins Grübeln. Die Frage war an sich vollkommen natürlich, denn alle interessierte, wie ich mich entscheiden würde. Und doch blieb ein schaler Beigeschmack. Mir wurde zugetragen, dass in meinem Freundes – und Bekanntenkreis eventuell ein Zuträger der Stasi sei und ich solle mich in Acht nehmen. Mir wurde bald klar, dass ich so unmöglich leben konnte. Ich beschloss, dass für mich ab sofort nur noch zählte, wie sich Freunde und Bekannte mir und meinen Kindern gegenüber verhielten, wer für uns da war, wer Zeit für uns hatte. Ich redete weiterhin offen, auch über meine Zweifel und neuen Erkenntnisse. Zu meinem eigenen Schutz und zum Schutz der Freunde erzählte ich aber keinem alle Einzelheiten. Niemand sollte unnötig in Gefahr gebracht werden.

Kabarettbesuch

Mit zwei Ehepaaren aus unserem Freundeskreis besuchte ich am 22. März eine Vorstellung der „Kugelblitze" in Kalbe. Diese Veranstaltung wurde von den Grenztruppen organisiert, bei denen Wolfgang im Nebenberuf Vertragsarzt war. Diese Anstellung hatte er rechtzeitig gekündigt, damit es keinen Grund gab, seine Besuchsreise in die BRD abzulehnen. Vor Jahren waren wir zusammen in einer Vorstellung der „Kugelblitze" in Magdeburg gewesen und hat-

ten sehr gestaunt, wie offen man sich hier im Kabarett über Probleme in der DDR lustig machte. Ich kann mich noch erinnern, dass wir uns kaum trauten, zu klatschen.
An diesem Abend war mein Mann jedenfalls schon ein paar Wochen im Westen und ich besuchte eine von den Grenztruppen organisierte Veranstaltung, was einer gewissen Komik nicht entbehrte.
Wir waren fast die ersten im Saal, als ein junger Mann mit wehendem Schal und einer Mappe unter dem Arm auf uns zustürmte: „Sind Sie die Statisten aus Wolmirstedt?" - „Nein." - „Wissen Sie denn überhaupt, was hier heute los ist?" - „Die „Kugelblitze" treten auf." - „Ja, das stimmt. Die Sendung wird im Fernsehen übertragen und alle Zuschauer sind Statisten." Wir schauten uns verdutzt an und eine Freundin sagte: „Da mache ich auf keinen Fall mit." - „Dann müssen Sie leider den Saal verlassen." Langsam schwante uns, dass diese Einlage schon zum Programm gehörte. Der junge Mann sprach nun mich an: „Ihre rote Bluse müssen Sie natürlich ausziehen, das gibt einen Rotstich auf dem Fernsehbild, den wir den Zuschauern nicht zumuten können."
Der Saal füllte sich langsam. Zwei Drittel der Anwesenden waren in Uniform und mir war etwas beklommen zumute. Von der Bühne forderte ein Kabarettist die Soldaten auf, ihre Mützen abzunehmen. Wer sie überhaupt hereingelassen hätte? Das Programm begann: „Hast Du nicht einen Onkel im Westen?" - „Onkel Heinz wohnt in Köln und ist arbeitslos." - „Na, dann kann er doch zu uns in die DDR kommen." - „Der ist lieber arbeitslos und bekommt jeden Monat Westgeld als hier für Ostgeld zu arbeiten." - „Da kann Dein Onkel Heinz doch zu uns kommen und Verantwortung tragen." - „Wo denn ...?" - „Na zum Beispiel in der Volkssolidarität." - „Hmm." - „Da kann er entscheiden, ob es Zucker- oder Streuselkuchen gibt."

An was ich mich noch erinnere: „Wieso haben wir eigentlich Skinheads in der DDR?“ - „Na, weil die Mauer doch nicht so undurchlässig ist, wie wir denken.“ - „Aber abgerissen wird die nie. Man sieht doch in China, was man mit alten Mauern für Geld verdienen kann.“
So ging es weiter und weiter, ein frischer Wind schien durch den Raum zu wehen. Seit Gorbatschow an der Macht war, glaubten wir, Veränderungen zu bemerken, ein Stück mehr Offenheit, ein bisschen mehr Freiheit. Oder war es nur ein Ventil, das uns die Chance geben sollte, überschüssigen Druck loszuwerden ohne dabei aufzubegehren? Wir hatten viel Stoff für Diskussionen.

Lieber Wolfgang! 27.3.88

...

Für mich ist es jetzt schön, dass wir einen so großen Bekanntenkreis hatten. So bin ich viel unterwegs. Am Dienstag waren die Kugelblitze in Kalbe. Es war ein gutes Programm, wie wir es schon vor Jahren erlebt haben.
Am Donnerstag war ich zum 40. und gestern zum 29. Geburtstag. Geplant wurde eine Feier für den 30.8., Deinen 40. Geburtstag, und Du sollst schon das Schwein auf die Reise schicken, damit es rechtzeitig hier ankommt. Auch mit entsprechenden Getränken wird gerechnet.
Den Kindern geht es gut, obwohl auch für sie viele Probleme bestehen. Andreas saß vor ein paar Tagen im Sessel und sagte: „Ich weiß nicht, was mit mir los ist. Mir ist so, als ob ich heulen müsste!" Beide haben mich sehr unterstützt. Wie ich Dir schon am Telefon sagte, haben wir am Dienstag vor einer Woche unseren Antrag abgeschickt. Für den 8.4. habe ich einen Termin für eine Aussprache.

Inge

Auszug aus einem Brief von Inge an Wolfgang

Lieber Wolfgang! 1.4.1988

Neulich, als Inge mit mir sprach, hatte ich den Eindruck, dass sie ziemlich unten durch ist. Und das belastet mich auch alles so sehr. Ich kann Dir gar nicht schreiben, wie mir oftmals zu Mute ist. Aber es muss ja alles weitergehen, und ich möchte so gern erleben, dass Ihr als Familie wieder beisammen sein könnt. Ich habe ja in der letzten Zeit so wenig gehört von Dir, und die Nordhäuser auch überhaupt nichts. Versuche doch, dass die Verbindung bestehen bleibt und nicht etwa alles auseinander bricht. Das würde ich nicht mehr verkraften.

Wenn ich Dir schreibe, ist mir doch recht weh uns Herz. Aber welcher Mutter ginge das nicht ebenso. Da muss man nun durch, ob man will oder nicht. Wollen wir alle zuversichtlich in die Zukunft schauen. Deine Mutti

Auszug aus einem Brief von Wolfgangs Mutter an ihren Sohn

Lieber Papa!

Am schönsten wäre natürlich gewesen, wenn wir zusammen Ostern feiern könnten, aber damit so etwas erfüllbar ist, muss wohl noch einiges geschehen. Es ist wirklich schade, denn wie toll wäre es, Du, Mutti, Andreas und Ich, ganz toll vereint und nie mehr trennbar, durch nichts. Warum verfange ich mich nur immer wieder in Träume, wo ich doch weiß, dass dies durch „Bestimmtes" vereitelt wird.

Ich kann dies nicht verstehen, oder ich bin hier falsch auf der Welt und müsste einen Abschied für immer nehmen, da ich mich wahrscheinlich an eine solche Welt nicht gewöhnen könnte. Allerdings halte ich nicht viel von Abschied, sondern bin lieber auf Änderung aus und da modelliere ich mir halt manchmal meine kleine Traumwelt und dann lässt es sich ganz gut leben, so hoffe ich jedenfalls. Komische Auffassung, oder, manchmal verstehe ich mich selber nicht.

Dein Sohn Matthias

Auszug aus einem Brief von Matthias an seinen Vater

Die erste Ablehnung und der zweite Ausreiseantrag

Trotz aller berechtigten Zweifel ging ich am 8. April 1988 voller Hoffnung zu einem Besprechungstermin, für den ich von der Abteilung Inneres beim Rat des Kreises eine Vorladung erhalten hatte. Vorher hatte ich einen vollen Arbeitstag in der Praxis hinter mich gebracht, während dessen ich mich sehr konzentrieren musste, um meine Gedanken bei der Arbeit zu halten.

Nachdem mir der Pförtner die Zimmernummer genannt hatte, betrat ich das Gebäude und wurde sofort in das Arbeitszimmer eingelassen. An dem Gespräch nahmen außer mir der Vorsitzende der Abteilung Inneres, der Mitarbeiter, der für die Bearbeitung von Ausreiseanträgen zuständig war, und der Kreisarzt teil. Gleich zu Beginn musste ich meine schriftliche Vorladung abgeben.

Wieder saß ich wie eine Angeklagte vor einem Schreibtisch und musste Rede und Antwort stehen.

„Nehmen Sie Abstand von Ihrem Antrag?" - „Nein." - „Warum hat Ihr Mann die DDR verlassen?" - „Er war unzufrieden mit der wirtschaftlichen und politischen Situation. Die bestehenden Verhältnisse engten ihn in seiner Arbeit und seinem Privatleben ein." - „Das sind für uns keine Gründe. Hatte er eventuell Frauengeschichten?" - „Nein." „Ihre Ehe kann aber nicht intakt gewesen sein, wenn er Sie ohne Absprache verlassen hat." - „Wäre es nicht strafbar gewesen, wenn ich davon gewusst und keine Anzeige gemacht hätte?" - „Ja." - „Genau davor wollte er mich schützen." - „Wollen Sie wirklich einem Mann folgen, der Sie und die Kinder im Stich gelassen hat?" - „Ich bin mit diesem Mann fast 18 Jahre verheiratet und möchte selbst entscheiden, ob ich weiter mit ihm leben will. Außerdem brauchen unsere Kinder ihren Vater." - „Dann kann er ja jederzeit zurückkommen. Stellen Sie ihm einfach ein Ulti-

matum.“ - „Darüber muss ich erst nachdenken.“ - „Außerdem gibt es für Ihren Antrag keinerlei gesetzliche Grundlagen.“ - „In anderen Kreisen und Bezirken reisen doch auch Familien aus. Gibt es dort andere Gesetze?“ - „Es dürfen nur solche Personen ausreisen, für die das Gesetz zutrifft bzw. Kriminelle und andere Personen, an denen die DDR kein Interesse mehr hat. Wenn wir alle Familien zwei bis drei Monate nach der Flucht eines Partners ausreisen lassen würden, gäbe es bald eine Einbahnstraße.“
Ich fragte mich, ob er eigentlich merkte, was er da gesagt hatte. In der DDR sollte es doch so schön und sicher sein! Oder waren alle Bürger der DDR so einfältig, dass sie nicht wussten, was gut für sie ist?
„Wir können Ihrem Mann Straffreiheit versprechen. Er müsste eine geringe Ordnungsstrafe bezahlen und könnte in einer anderen Stadt neu anfangen.“ - „Sie sind schon der Dritte, der meinem Mann angeblich Straffreiheit garantieren will. Wer kann das nun wirklich?“ - „Ich kannte eine Frau, die mir mitteilte, dass sie ihren Mann lieber im Gefängnis besucht, aber weiß, dass er in der DDR ist. Welche Kontakte haben Sie zu Ihrem Mann?“ - „Briefe und Anrufe.“ -„Wie viele Briefe und Anrufe? Warum nicht öfter? Hat er vielleicht doch kein Interesse an Ihnen? Was machen Sie, wenn der Antrag abgelehnt wird?“ - „Ich stelle einen neuen.“
Nach fast zwei Stunden kamen die drei überein, dass es wohl sinnlos war, weiter mit mir zu diskutieren. Wieder war ein Rückgewinnungsprozess fehlgeschlagen.
„Was denken Sie nun, wie wir entschieden haben?“- „Natürlich gehe ich davon aus, dass ich mit meinen Kindern ausreisen darf.“ - „Nun gut. Ich werde Ihnen jetzt vorlesen, was wir entschieden haben.“
Er griff zu einem Schriftstück, das die ganze Zeit vor ihm auf dem Schreibtisch gelegen hatte.

„Ihr Antrag auf Ausreise in die BRD wird abgelehnt, da es dafür keine gesetzlichen Grundlagen gibt. Ein neuer Antrag kann gestellt werden, wenn sich neue Bedingungen ergeben haben. Sie brauchen uns weder anzurufen noch zu schreiben, es sei denn, Sie brauchen Hilfe, um sich hier ein neues Leben aufzubauen. Dabei werden wir Sie in jeder Form unterstützen."

Das war's! So aufrecht wie möglich ging ich aus dem Raum, über den Hof und um die Ecke, schaffte es auch noch bis zum Auto und bis zum Ortsausgang. Endlich hielt ich an und ließ den Tränen der Enttäuschung freien Lauf. Mein Mann wurde schlecht gemacht, unsere Ehe in Zweifel gezogen, alle Hoffnung für eine Ausreise sollte mir genommen werden. Mir wurde klar, dass es hier nur um Prinzipien ging, der Staat wollte sich keine Blöße geben. Aber ich würde den Kampf aufnehmen, um mein Ziel zu erreichen. Meine Zukunft und die meiner Kinder war diesen Leuten doch völlig egal, solange sie nur eine Erfolgsmeldung machen konnten.

Alle trösteten mich und meinten, es sei völlig normal, dass der erste Antrag abgelehnt wurde, denn „sie" wollten herausfinden, ob der Antrag wirklich ernst gemeint sei. Wieder ein Hoffnungsschimmer, den ich bitter nötig hatte.

Den zweiten Ausreiseantrag stellte ich am 18.4.1988 und ging von einer sechsmonatigen Bearbeitungszeit aus. Allerdings hörte ich auch immer häufiger, dass Ausreisewillige plötzlich innerhalb von 24 Stunden das Land verlassen mussten. Was würde auf uns zukommen? Hoffnung und Verzweiflung wechselten in mir. Es gab nichts Konkretes, kein Gesetz oder irgendwelche Bestimmungen, auf die ich mich stützen konnte.

Unsere Zukunft hing von der Willkür der den Ausreiseantrag bearbeitenden Beamten ab.

Tgb-Nr. 726/88 196

Abteilung 26

Stendal, 12.04.1988
schel

KD Gardelegen
Gen. Jachmann

Streng vertraulich

KK "Klinik"

Information A 388/88/

Ks. 059

Am 8.4. meldet sich Wolfgang K r a u s b e c k bei seiner Ehefrau I n g e b o r g.

Wolfgang erfährt von ihr, daß ihr Antrag abgelehnt wurde, da es dafür in der DDR keine gesetzliche Grundlage gibt. Wolfgang fragt, ob sie einen neuen Antrag gestellt hat. Ingeborg ist gerade erst gekommen. Wolfgang will wissen, was nun wird. Das fragt sich Ingeborg auch. Wolfgang hofft, daß sie nochmals einen Antrag stellt. Ingeborg bringt zum Ausdruck, daß sich Wolfgang in die Spur setzen soll, wenn er sie wirklich haben will. Wolfgang meint, daß er sie will, aber dort (wörtlich hier). Ingeborg möchte, daß er etwas tut, unbedingt. Ihr ist egal, was. Wolfgang soll jede Mark sparen, denn sie braucht nichts, aber er soll etwas tun.

Ingeborg berichtet weiter, daß sie keine Briefe schreiben darf, die den Staat gefährden usw. Auch darf sie nicht asozial sein. Wolfgang gibt zu verstehen, daß er sich kümmern will. Seine Frage, ob sie etwas braucht, verneint Ingeborg. Als Wolfgang wissen will, wie es auf der Arbeit läuft, meint Ingeborg nur, daß sie viel Arbeit haben.

8.4. 18.23 Uhr.

Kopie aus der Stasiakte

Rat des Kreises Gardelegen
Abt. Innere Angelegenheiten
- Genehmigungswesen -

Gardelegen, den 12.4.1988

Niederschrift

über die durchgeführte Erstaussprache mit der Bürgerin Frau Dr. Ingeborg Krausbeck, wohnhaft in 3592 Bismark, Straße der Jugend 12

Die Aussprache erfolgte am 8.4.1988 in der Zeit von 13.oo bis 15.oo Uhr durch die Genossen Hoppe und Brüssow im Rat des Kreises Gardelegen. Der Kreisarzt dr. Schweinert nahm ebenfalls an der Aussprache teil.

Grund der Aussprache

Da der Ehemann von einer genehmigten Besuchsreise in die BRD, nach Ablauf der Zeit nicht in die DDR zurückkehrte, stellte sie für sich und die beiden mindxrjährigen Kinder ein schriftliches Ersuchen auf Übersiedlung in die BRD.

Inhalt un Verlauf der Aussprache.

Angaben zur Person:

- Ingeborg Krausbeck, geb. Schröder, geb. am 2.6.195o
- geb. in Halberstadt, Kreis Halberstadt, Bezirk Magdeburg.
- wohnhaft in 3592 Bismark, Straße der Jugend 12
- PKZ.: o2o65o 5 1o136 PA. Nr.: H o3392o4
- verheiratet, 2 Kinder, 13 und 17 Jahre
- Beruf und ausgeübte Tätigkeit, Facharzt für Kinderheilkunde
- Betrieb, Poliklinik Gardelegen, Stendaler Str.
  Der Dienstvorgesetzte ist Dr. Etter.
- Schulbildung 12 Klassen und Studium, Medizin
- monatliches Nettoeinkommen 1. 3oo,- Mark
- org. im FdGB, Kulturbund, keine Funktionen
- Keine Kredite oder sonstige finanzielle Verpflichtungen
- Nicht vorbestraft.

Bisherige Aufenthaltsorte und Tätigkeiten

- von 195o bis 1975 in Halberstadt als Kind und Schülerin
- von 1975 bis 198o in Magdeburg als Studentin
- von 198o bis 198o in Seehausen als Kinderärztin
- von 198o bis jetzt in Bismark als Kinderärztin.

Angaben zum Ehegatten

Wolfgang Krausbeck, geb. am 3o.8.194o
- geb. in Stadtroda, Kreis Stadtroda, Bezirk Gera
- von Beruf Facharzt für Chirurgie
- DD ungesetzlich verlassen am 8.2.1988
- jetziger Aufenthaltsort in der BRD:
  Ilvesheim, Gessel 5 bei Fam. Köhn (Cousine)
- er hat noch keinen eigenen Wohnraum.
- nach ihren Angaben ist er als Arzt in einem Krankenhaus in Mannheim beschäftigt.

Angaben zu den Kindern

1. Matthias Krausbeck, geb. am 18.1o.197o in Magdeburg
Hauptwohnung bei der Mutter in Bismark
NW.: im Internat in Tangerhütte, EOS Schüler, AbiturKlasse

2. Andreas Krausbeck, geb. am 8.8.1974 in Osterburg
wohnhaft bei der Mutter, Schüler
org. in der Pionierorg.

Angaben zu den Eltern

Vater: Bernhard Schröder, geb. am 2o.5.19o9
Der Vater ist 198o verstorben

Mutter: Charlotte Schröder, geb. Schäfer, geb. am 9.2.192o
wohnhaft in Halberstadt, Fischmarkt 9, Rentnerin

Angaben über Geschwister

Bruder: Lutz Schröder, geb. am 23.5.1941
wohnhaft in Magdeburg, Leipziger Chaussee 72
beschäftigt als Chemiker

Angaben über weitere Verwandte die in der DDR wohnhaft sind

In Halle und Hettstedt wohnen noch Verwandte, es besteht kein Kontakt daher keine weiteren Angaben

Persönlich hat sie nur zur Mutter und zum Bruder Kontakt.

Angaben über Verwandte die in der BRD wohnhaft sind

Der Vater hatte 8 Geschwister, davon leben 2 in Dortmund, über die anderen Geschwister konnte sie keine Angaben machen. Die Mutter hatte eine Schwester, sie ist bereits verstorben.

Danach wurde konkret auf das Ersuchen eingegangen und folgendes herausgearbeitet:

Frau Krausbeck will angeblich alles unternommen haben um ihren Mann dazu zu bewegen, in die DDR zurückzukehren. Er lehnt eine Rückkehr in die DDR ab. Sie unterhält brieflichen und telefonischen Kontakt zu ihrem Mann. Sie will ihren Entschluß, in die BRD überzusiedeln auch nicht mehr ändern. Der Schwager war in der BRD und hat versucht ihren Mann mitzubringen, er hat es abgelehnt.

Als Grund für die Nichtrückkehr in die DDR gibt sie an, daß ihr Mann sicherlich Probleme in der Arbeit hatte. Er hat nicht das alles an Medikamente bekommen was er als Arzt benötigte. Er fühlte sich auch in seiner Arbeit eingeengt.
Diese Behauptungen wurden durch den Kreisarzt widerlegt.

Sie schätzt ein, daß die Ehe gut gelaufen ist, kleine Probleme kommen überall vor. Sie sind 18 Jahre verheiratet und wollen auch weiterhin die Ehe aufrecht erhalten.
Auf die Frage, wie er reagiert hätte wenn sie ihm mitgeteilt hätte, sie bleibt mit den beiden Kindern in der DDR, hat sie nicht geantwortet, obwohl diese Frage mehrmals gestellt wurde. Frau Krausbeck war auch schon besuchsweise in der BRD. Obwohl ihr dort einiges besser gefallen hat als in der DDR, wäre sie angeblich nicht auf den Gedanken gekommen in der BRD zu bleiben.

Sie steht zu ihrem Mann und hat lange überlegt ob sie den Antrag stellt. Gegenwärtig gibt es in der Familie finanzielle Probleme, es fehlt das Geld des Ehemannes.

Genaue Anschrift wohin die Übersiedlung erfolgen soll

Zum Ehemann Wolfgang Krausbeck
wohnhaft in Ilvesheim, Gassel 5, bei der Familie Köhn

Ihr Mann arbeitet als Arzt in einem Krankenhaus.

Wie stehen die Kinder zur Übersiedlung

Beide Kinder haben von der beabsichtigten Übersiedlung Kenntnis und wollen ebenfalls rüber zum Vater. Sie sind der Meinung, in der BRD kann man auch leben.

Welchen Standpunkt vertreten die Eltern

Die Mutter von Frau Krausbeck ist nicht erbaut von dem Schritt der beabsichtigten Übersiedlung.
Die Eltern von Herrn Krausbeck sind der Meinung, sie gehören zusammen und da müßte sie schon übersiedln. Die Schwiegermutter ist 71 Jahre, man hat ihr jetzt den Reisepaß abgenommen.

Danach wurde noch folgendes herausgearbeitet

Der Ehemann ist der Meinung, in der BRD kann man auch leben.
Sie hofft ganz stark damit, daß sie die Genehmigung für die Übersiedlung bekommen wird.
Sollte es jetzt eine Ablehnung geben, dann würde sie wieder einen neuen Antrag stellen.

Es wurde umfassend aufgezeigt, welche sichere Perspektive unser Staat bietet, auch ihren Kindern. Es konnte kein Umdenkungsprozeß eingeleitet werden. Es wurde immer wieder darauf verwiesen, wenn der Ehemann zurück kommt, dann könnten sie auch in einem anderen Kreis unseres Bezirkes als Arzt arbeiten, dabei würden sie Unterstützung erhalten. Auch das lehnt sie ab mit der Bemerkung, ihr Mann würde nicht in die DDR zurückkehren.

Danach wurde ihr auf der Grundlage der Verordnung vom 15.9.1983 aufgezeigt, daß sie nicht antragsberechtigt ist. Es wurde die Ablehung ausgesprochen. (Siehe vorbereiteten Text für die Ablehung) Sie hat es zur Kenntnis genommen, will es aber nicht akzeptieren. Sie kennt angeblich Fälle, die sind auch übergesiedelt, obwohl sie nicht antragsberechtigt waren.

Sie klagte darüber, daß ihr das Konto in der Sparkasse gesperrt wurde. Das soll der Rat des Kreises, Staatliches Eigentum veranlaßt haben.

Eine Rücknahme ihres Antrages lehnt e sie ab, war aber bereit für die Belehrung eine Unterschrift zu geben.

Sie hatte abschließend keine Fragen.

Insgesamt koenn eingeschätzt werden, daß sie einen ruhigen Eindruck machte und bereit war die gestellten Fragen zu beantworten. Sie überlegte aber genau was sie sagte und war nicht sehr gesprächig. Es muß- damit gerechnet werden, daß sie erneut ein derartiges Ersuchen stellen wird. Mit einer Rücknahme des Ersuchens ist nicht zu rechnen.

Brüssow

Kopie aus der Stasiakte

Wartezeit

Nachdem wir am Anfang vermutet hatten, dass Wolfgang gleich eine feste Stelle bekommen hatte, erfuhren wir zunächst von seinem Bruder und später auch am Telefon, dass er arbeitslos war. Diese Tatsache beunruhigte mich, verfolgte mich sogar bis in den Schlaf, denn ich war immer von finanzieller Sicherheit ausgegangen. Auch fürchtete ich eine psychische Belastung für Wolfgang, der sehr unter Druck stand, alles für uns vorzubereiten. Schon bald arbeitete er unentgeltlich in einer chirurgischen Abteilung, um den Fuß in die Tür zu setzen, was auch den gewünschten Erfolg brachte. Ab 2. Mai 1988 arbeitete er als Oberarzt in der chirurgischen Abteilung des Steinfurter Krankenhauses.

Anfang Mai hatte ich eine Autopanne und einen Schutzengel dabei. Auf dem Nachhauseweg polterte es plötzlich im hinteren Teil des Wagens ganz entsetzlich, als ob ich über einen großen Stein gefahren sei. Dann fing das Auto auch schon an zu schlingern und ich hatte keine Gewalt mehr über die Lenkung. Irgendwie kam das Fahrzeug zum Stehen und ich konnte das Malheur begutachten – das rechte Hinterrad stand völlig verdreht, quer nach außen. Auf einem nahe gelegenen Bauernhof hatte ich die Möglichkeit zu telefonieren. Ein Automechaniker eilte mir zu Hilfe, schleppte das Auto ab und brachte mich sogar nach Bismark. Auch er war schon informiert, dass ich die Frau des Arztes war, der in den Westen abgehauen war.
Zu Hause wurde mir richtig schlecht. Was hätte alles passieren können, wenn mehr Verkehr auf der Straße gewesen wäre? Ich hätte schwer verletzt sein können oder sogar tot. Wer hätte sich dann um die Kinder gekümmert?
Glück im Unglück, dass alles so glimpflich abgelaufen war.

Matthias hatte einen eigenen Weg gefunden, seinen Protest zu demonstrieren und sich abzureagieren. Haarfarbe und Frisur gaben in den letzten Monaten immer mal wieder Anlass für Streit in der Familie. Für seinen Selbstfindungsprozess schienen beide Faktoren wichtig zu sein. Nun kam ein Anruf aus Tangerhütte: „Ich komme morgen nach Hause. Damit du dich nicht wunderst, meine Haare sind jetzt schwarz (früher eher rot, Naturfarbe dunkelblond)."
Was sollte mich noch wundern oder erschrecken? Falls schwarze Haare dazu hätten beitragen können, meinen Frust abzubauen, hätte ich es auch probiert. Meine Mutter brauchte hingegen eine Beruhigungstablette, die an der Haarfarbe jedoch nichts änderte. Sie blieben rabenschwarz!

Zusammen mit Freunden erlebte ich in Stendal eine Aufführung der „Richtstatt" von Aitmatow. Nach anfänglichem Zweifel, ob mich das Stück interessieren würde, konnte ich danach sagen, dass es das beeindruckendste Theaterstück war, das ich je gesehen hatte. Schon die Atmosphäre im Vorfeld: Schlangen an der Kasse, voll besetztes Theater, ungewöhnliches Bühnenbild. Es ging um die Auseinandersetzung mit Problemen in der Sowjetunion, von denen wir gar nicht wussten, dass es sie überhaupt gab und die genauso auf unser Land übertragen werden konnten, wie z.B. Drogen, Missstände in der Landwirtschaft, Ausbeutung der Natur usw. Das Publikum war begeistert, klatschte und trampelte ohne Ende mit den Füßen. Es war unglaublich!
Auf der Rückfahrt wurde ich gefragt, ob Matthias seine Schule weiter besuchen könne. Für mich gab es bis zu diesem Zeitpunkt keinen Anlass, daran zu zweifeln. Dafür hatte ich andere Sorgen mit ihm. Er äußerte sich weiterhin wenig zu seinem Vater und ich wusste nicht so recht, was in ihm vorging. Außerdem hatte er eine neue Freundin, die

hübsch und nett war, aber ich verstand trotzdem nicht, warum er gerade jetzt eine feste Beziehung einging, wo wir doch so bald wie möglich von hier weg wollten? Für mich war das ein totaler Widerspruch. Ich konnte förmlich sehen, wie zusätzliche Probleme vor mir auftauchten. Ich sprach das junge Mädchen direkt auf den Ausreiseantrag an. Sie wisse Bescheid, sagte sie. Ich bekam den flüchtigen Eindruck, dass sie glaubte, soviel Einfluss zu haben, ihn von seiner Entscheidung abbringen zu können. Matthias gab sich überlegen. Aber ob er das wirklich war? Wie würde er sich im Falle einer Ausreiseerlaubnis verhalten?

Einige Tage zuvor begleitete mich eine Freundin nach Haldensleben, wo wir eine Frau treffen wollten, die ebenfalls einen Ausreiseantrag gestellt hatte. Ich erhoffte mir ein paar Informationen zur weiteren Vorgehensweise. Obwohl wir telefonisch angemeldet waren, konnten wir sie nicht antreffen. Wie wir später erfahren sollten, hatte sie am Wohnort und an der Arbeitsstelle so viele Repressalien zu erleiden, dass sie kein Risiko eingehen wollte, indem sie sich mit mir, ebenfalls einer Ausreisewilligen, traf. Was war das für ein Land und was machte es aus seinen Bürgern? Um so glücklicher konnte ich mich schätzen, zuverlässige Freunde zu haben und eine Familie, die mich trotz aller Zweifel unterstützte.

Unverdrossen schickte ich weitere Pakete mit Büchern in Richtung Westen ab. An einem Sonntag packte ich sieben Kartons, vor allen Dingen Bücher und Kunstgewerbsgegenstände. Ein Paket durfte einen Wert von hundert Mark nicht überschreiten. Einmal wurde eins zurückgeschickt, weil es zwei teure Bildbände enthielt.

Nachts verfolgten mich meine Aktivitäten und ich träumte von riesigen Mengen braunen Packpapiers und Paketschnur, die einfach kein Ende nahm und in der ich mich ständig mit den Füßen verhedderte.

Meinen Geburtstag feierte ich an zwei Abenden mit vielen Freunden und der Familie. Wolfgang rief spät abends an und meinte, dass wir seinen Geburtstag im August sicher schon wieder zusammen feiern könnten, im Westen.

Olm. [illegible]

Ortsleitung der SED
Bismark

Bismark, den 3. 5. 1988

Information über die Veranstaltungen zur Vorbereitung und Durchführung des 1. Mai 1988 in Bismark

Auf der Grundlage der Führungskonzeption der OL der SED erfolgte die langfristige Vorbereitung und Durchführung des 1. Mai 1988. Ergebnis kann eingeschätzt werden:

1. Am Vorabend des 1. Mai fand in Bismark und in den Ortsteilen das Einholen des Maibaumes statt. Dabei zeigte sich, daß eine gute Teilnahme der Bürger und ihrer Kinder und Familien bestand, auch bei den anschließenden Fackelumzügen und Abbrennen des Maifeuers. In Bismark waren über 1000 Teilnehmer festzustellen.

2. Der 1. Mai mit der großen Maidemonstration und der anschließenden Kundgebung vereinte rund 2800 Bürger aus Bismark, Büste, Könnigde und Holzhausen und bot ein farbenprächtiges Bild.

Was war festzustellen?

Es nahmen 12 Handwerker an der Maidemonstration teil.
Der Pfarrer hatte abgestimmt mit dem örtlichen Rat, den Gottesdienst von 9.30 Uhr auf 14.00 Uhr zeitlich zu verlegen.
Die Ausgestaltung der Stadt mit Maigrün, mit Fahnen und Losungen vor allem an zentralen Plätzen und Betrieben war gut.
Die Ordnung und Sicherheit war voll gewährleistet. Dabei hat es sich bewährt, in der Woche vor dem 1. Mai noch differenzierte Beratungen mit den ABV und den VP-Helfern durchzuführen sowie im Ortsmaikomitee offen über die Fragen von Ordnung und Sicherheit sowie verstärkter Klassenwachsamkeit zu beraten und entsprechende Maßnahmen festzulegen.
Die Bühne war würdig auf dem Marktplatz ausgestaltet.
Die Einbeziehung von Diskotheken zur Beschallung der Straßen mit Marschmusik an zwei zentralen Punkten in der Stadt hat sich als richtig erwiesen.
Unmittelbar vor dem 1. Mai erhielt ich eine Information, daß sich beim Kirchenratsmitglied Peter Schulz (genannt Pastor Peter), am Kolk wohnhaft, seit 14 Tagen ein verstärkter Treffpunkt entwickelt hat mit Ausreiseantragstellern in die BRD wie Frau Krausbeck, der Leiter des evangelischen Altersheimes und sein Hausmeister aus Neuendorf - Kremkau und andererseits bei Frau Krausbeck sich ein verstärkter Treffpunkt ent

wickelt hat mit Reiseantragsstellern in die BRD, die abgelehnt wurden wie Ulla Voigt vom Stadtambulatorium, Frau Siman vom Stadtambulatorium u. a. Dabei ist festzustellen:

- diese Personen wären bei der Maidemonstration besonders beobachtet worden,

- dieser genannte Personenkrais hat nicht an der Maidemonstration teilgenommen, auch nicht ihre Ehepartner,

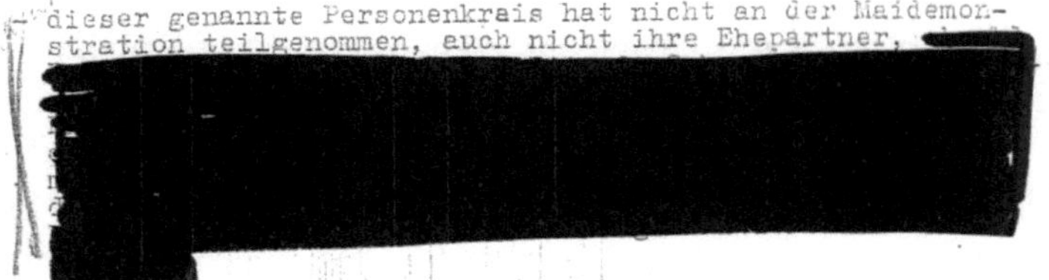

- die Stadt Bismark präsentierte sich insgesamt in einem sauberen Zustand,

- die Kulturveranstaltungen waren eine würdige Umrahmung des Feiertages, wobei die Teilnahme bei der Kinderveranstaltung sehr gut war, jedoch bei der Veranstaltung der KGD im Tivoli-Saal der Besuch nicht ausreichte.

Am 2. 5. 1988 wurde im Zusammenhang eine der Durchführung des "Aktuellen Arguments" mit den anwesenden Parteisekretären genutzt, eine erste sachlich kritische Wertung des 1. Mai 1988 vorzunehmen. Am 12. 5. 1988 erfolgt eine Ortsmaikomiteesitzung zur Auswertung, Einschätzung des 1. Mai und die Herausarbeitung von Schlußfolgerungen für die massenpolitische Arbeit und künftige Veranstaltungen.

Kopie aus der Stasiakte

Bittere Konsequenzen

Am 15. Juni fuhr ich mit Matthias in die Schule nach Tangerhütte zu einem Gesprächstermin. Während der Aussprache wurde uns von seiner Klassenlehrerin und dem Direktor mitgeteilt, dass es eine Anordnung gebe, nach der die Schüler einer EOS nicht nur entsprechende Leistungen, sondern auch die richtige ideologische Einstellung zum Staat vorweisen müssten. Diese Einstellung könne nicht vorhanden sein, wenn ein Ausreiseantrag in die BRD vorliege. Obwohl wir nach Erhalt der Vorladung schon eine böse Ahnung gehabt hatten, traf uns dieser Schulrausschmiss wie ein Schlag. Nun hofften wir um so mehr, dass wir diesen Staat bald verlassen konnten. Im Oktober würde Matthias 18 Jahre alt werden. Wenn er nicht mehr zur

Schule ging, stand einer Einberufung zur Nationalen Volksarmee (NVA) nichts im Wege, eine Verweigerung würde Gefängnisstrafe nach sich ziehen.
Seine Freundin kam häufiger zu uns. Ich war beunruhigt, denn man hörte immer wieder, dass Mädchen auf ausreisewillige junge Männer angesetzt wurden. Mein Misstrauen wurde mir selbst fast unerträglich. Als Alternative zum Schulbesuch wurde Matthias eine Lehre als Dachdecker oder Gärtner angeboten, die er ablehnte, da er für beide Berufe kein Interesse hatte und bis zum Abschluss der Lehre auch nicht in der DDR bleiben wollte. Unser Freund Peter machte es möglich, dass Matthias als ungelernter Krankenpfleger in einem evangelischen Krankenhaus in Stendal arbeiten konnte. Das war im Hinblick auf seinen Wunsch, später Medizin zu studieren, sinnvoll.

Rat des Kreises Stendal
Abt. Volksbildung

Stendal, d. 15. 6. 1983

Rat des Bezirkes Magdeburg
Abt. Volksbildung
Gen. Rademacher

Fortschreiben zum besonderen Vorkommnis Matthias Krausbeck

Der Gen. R. Maszunat, Direktor der EOS "Karl Marx" Tangerhütte hat im Beisein der Mutter und dem Schüler M. Krausbeck, Schüler der Klasse 11 der EOS "Karl Marx" Tangerhütte eine Aussprache über seine Einstellung und seine Leistungen geführt. In dem Gespräch wurde noch einmal bekräftigt, daß sowohl die Mutter als auch der Sohn an dem Standpunkt festhalten, ihren Antrag auf Ausreise in die BRD aufrecht zu erhalten. Aufgrund seiner bereits geschilderten Verhaltensweisen (Austritt FDJ, DSF und GST), Nichtteilnahme am Schießen im Rahmen der Vorbereitung des Lagers in Prerow, aber auch an seiner gesamten Einstellung zum Erlangen der Hochschulreife, als auch seiner politischen Wirksamkeit wird durch den Kreisschulrat entschieden, den Schüler aus der 11. Klasse zu entlassen.
Die Mutter und der Schüler wurden in dem o.g. Gespräch von dieser Entscheidung in Kenntnis gesetzt.

Die Abteilungen B/B (Kreisplankommission) und die Abt. Inneres des Rates des Kreises Gardelegen wurden informiert und der weitere Verfahrensweg abgestimmt.
(Einordnung des Schülers in die Berufsausbildung nach vorheriger Absprache mit der Mutter und dem Sohn)

Mit sozialistischem Gruß

Oberstudienrat Dipl.-Päd.
gez. Seibicke
Kreisschulrat

Kopie aus der Stasiakte

KD Gardelegen Gardelegen, d. 6. 12. 1988

\- Abschrift -

EOS "Karl Marx"
Tangerhütte

17. März 1988

Zur Zusammenarbeit mit dem Elternhaus des Schülers Matthias Krausbeck

Nach Übernahme der Klasse im 2. Halbjahr des 9. Schuljahres erfolgte eine erste Zusammenkunft mit den Elternhäusern anläßlich der EA-Wahlen in Klasse 10.

Über den Schüler Matthias Krausbeck bat ich dessen Vater, sich auf einen Beitrag zur Diskussion vorzubereiten. Inhaltlich sollte es um erzieherische Fragen im Elternhaus - allgemein bezogen auf Jugendliche dieser Altersstufe - gehen. Diese Bitte wurde abgelehnt, mit der Begründung, daß man sich nicht unbedingt äußern wolle. An der Elternaktivwahl nahmen dann auch beide Eltern nicht teil. Dienstliche Gründe wurden dafür genannt.

Zur Abschlußveranstaltung im Monat Juni, im 10. Schuljahr, nutzte der Klassenleiter die Möglichkeit, um ein persönliches Gespräch mit den Eltern zu führen. Hier ergab sich ermals die Möglichkeit dafür, da die Familie Krausbeck in Bismark wohnt.

Während des Gespräches machten beide Elternteile einen sehr aufgeschlossenen Eindruck. Sie äußerten sich auch realistisch über Bildungs- und Erziehungsfragen, den Sohn Matthias betreffend. Dem Klassenleiter bot man die Unterstützung bei der Organisation und Durchführung der nächsten Klassenfahrt an.

Dabei blieb es. Als es um die Realisierung der Vorschläge ging, waren beide Elternteile dienstlich verhindert.

Dieser Grund wurde auch für die Elternaktivwahl in der 11. Klasse genannt, um sich zu entschuldigen. Alle anderen Eltern waren zu dieser Veranstaltung erschienen.

gez. G. Ponet
Klassenleiter
Klasse 11 f

Kopie aus der Stasiakte

Bismark, den 19.6.88

Lieber Vati!

...

Der Rechner ist spitze, bloß im Moment nicht in Gebrauch, da ich Praktikum habe. In der Schule kann ich ihn ja nun auch nicht mehr benutzen, da ich mit Abschluss der 11. Klasse die EOS „Karl Marx" „verlassen darf" aufgrund der besonderen familiären Umstände. Du weißt, was gemeint ist. Mutti muss am 28.6. nach Gardelegen zur Abteilung Volksbildung, wegen einer Lehrstelle. Ich schätze, das ist eine Art Trostspende, damit wir nicht zu doll den Kopf verlieren und ja nicht unsere Ideale vergessen.

... na wollen wir hoffen, dass wir bald wieder als Familie zusammen sind, und nicht durch irgendeine Bürokratie voneinander getrennt sind, ist ja direkt schrecklich, was sich da abspielt.

Dein Sohn Matthias

P.S. Damit Du mein Aussehen nicht vergisst, sende ich Dir ein Passfoto von März mit. Heute sehe ich nicht mehr so radikal aus, da ich an der Seite und hinten nicht mehr abrasiert habe, Du siehst, ich werde langsam vernünftig.

Auszüge aus einem Brief von Matthias an seinen Vater

Die unbekannte Möglichkeit

Die Schriftstellerin Brigitte Klump studierte Journalistik an der Karl-Marx-Universität in Leipzig und lebte seit 1958 in der BRD. 1978 war der Fluchtversuch ihres Neffen gescheitert. Die DDR-Behörden lehnten einen Freikauf ab. Um ihrem Neffen die Ausreise zu ermöglichen, machte Brigitte Klump die Resolution 1503 des Wirtschafts- und Sozialrates der UNO ausfindig.

In ihrem Buch „Freiheit hat keinen Preis“ schreibt sie: „Es gelingt, zu einer in Deutschland nicht veröffentlichten Resolution 1503 eine Methode zu entwickeln, die diese Resolution anwendbar macht, und zwar in Form von Sammelbeschwerde, und damit das internationale Gremium der UNO – Menschenrechtskommission ermächtigt, sich mit der Situation innerhalb von Staatsgrenzen zu befassen, obwohl die UN – Charta Art.2, Abs.7 die Nichteinmischung in die inneren Angelegenheiten der Mitgliedsstaaten statuiert.“

Auch die DDR hatte an der Ratifizierung der Resolution 1503 im Jahr 1973 teilgenommen und somit einer möglichen Intervention der Vereinten Nationen zugestimmt, wenn Verletzungen der Menschenrechte nachgewiesen werden konnten. Leider wurden weder die Sachbearbeiter des Ministeriums für innerdeutsche Beziehungen unterrichtet, noch wurde das Material zur Veröffentlichung gegeben, so dass nur relativ wenige davon wussten. So wurden weiterhin Bürger der DDR von der BRD freigekauft (ca. 1200/Jahr). Erst durch die Entwicklung der Methode 1503 wurden Familienzusammenführungen möglich und zwar durch Entlassung aus der Staatsbürgerschaft per Staatsentscheid. Die Bürger durften offiziell mit ihrem Eigentum das Land verlassen.

Nur sehr wenige wussten davon, vor allen Dingen, dass die Resolution nur in Form einer Sammelbeschwerde vorgebracht werden konnte. Einzelbeschwerden wurden den Staaten übergeben, die aber nicht verpflichtet waren, sie zu bearbeiten.

Brigitte Klump ermöglichte vielen Menschen eine Freiheit, für die kein Preis bezahlt werden musste.

Wolfgangs Aktivitäten

Wolfgang war in der BRD aktiv, um Möglichkeiten zu finden, die unsere Ausreise beschleunigen sollten. Er wandte sich direkt an Politiker und andere Personen des öffentlichen Lebens. So schrieb er zum Beispiel Briefe an den Ministerpräsidenten Strauß, an das Bundesministerium für innerdeutsche Beziehungen, an den Ministerpräsidenten Rau, an den SPD-Vorsitzenden Vogel, wandte sich an die Rechtsanwältin Barbara von der Schulenburg, an das Kuratorium Unteilbares Deutschland und an die Schriftstellerin Brigitte Klump. Alle Angeschriebenen versprachen, sich persönlich einzusetzen, wiesen aber einschränkend darauf hin, dass ihre Möglichkeiten begrenzt seien, da ausschließlich die DDR eine Entscheidung über einen Ausreiseantrag treffen könnte. Die Familie müsse sich auf eine längere Zeit der Trennung einrichten, wenn sie auch davon ausgehen könne, dass alles nur Mögliche geschehe, um ihr zu helfen. Die Rechtsanwältin von der Schulenburg machte ihn darauf aufmerksam, dass Unterlagen, die den Ausreisewunsch betreffen, z.B. Durchschriften der Anträge, nicht aus der DDR in die BRD übermittelt werden sollten, da dies zu einer Gefährdung für die Betroffenen führen könnte. Aus demselben Grund sollte der hiesige Schriftwechsel nicht einmal in Auszügen in die DDR weitergeleitet werden. Im Juni wandte sich mein Mann erstmals an Frau Klump, deren Adresse er von einem Kollegen erhalten hatte, dessen Familie auf diesem Weg in die BRD gekommen war. Frau Klump antwortete immer prompt auf die Briefe und konnte so etwas Hoffnung aufbauen, zumindest bei meinem Mann, denn wir wussten nichts von ihren Aktivitäten und durften auch nichts wissen. Die Methode 1503 wäre eine Möglichkeit gewesen, um unsere Familie wieder zusammenzuführen.

Sehr geehrte Frau Klump! Steinfurt, den 11.6.88

In der Hoffnung, von Ihnen Hilfe und Unterstützung bei der Lösung meines dringenden Familienproblems zu erhalten, wende ich mich heute an Sie.
Ich nutzte im Januar 1988 eine Besuchsreise in die BRD, um aus der DDR zu fliehen. Anlass waren die unerträglich gewordenen politischen und wirtschaftlichen Verhältnisse. Der Entschluss dazu fiel mir um so schwerer, da meine Familie, nichts von meinem Vorhaben wissend, in der DDR zurückblieb.
Inzwischen hat man meiner 71-jährigen Mutter und meinem Bruder (Invalidenrentner) die Reisepässe entzogen. Das mit meiner Frau geschaffene Sparguthaben sowie alle auf meinen Namen laufende Vermögensteile wurden beschlagnahmt (Gesamthöhe ca. 39.000 Mark). Es wurde eine Hausdurchsuchung durchgeführt und dabei erfolgte die Beschlagnahmung all meiner zurückgelassenen Dokumente.
Meine Frau und die Kinder sind fest entschlossen, mir in die Bundesrepublik zu folgen. Ein bereits gestellter Ausreiseantrag wurde mit der Begründung, dass dieser Zustand durch mich verschuldet sei und daher die Regelung für Familienzusammenführung nicht zuträfe, abgelehnt. Meine Frau hat bereits einen neuen Antrag gestellt. Ich fürchte jedoch, dass auch dieser mit gleichen Gründen ignoriert wird.
Am 1.6.1988 wurde meine Frau zur Schule unseres Sohnes geladen (Erweiterte Oberschule Tangerhütte). Dort erhielt sie die Mitteilung, dass er am 1.7.88 diese Schule verlassen muss.
Da er am 18.10.88 das 18. Lebensjahr vollendet, ist es sehr wahrscheinlich, dass man ihn im November zur NVA einberuft. Damit würde man erreichen, dass er in den nächsten 4 ½ Jahren die DDR nicht verlassen darf.
Meine Familie ist für mich das Wichtigste und ich brauche sie dringend. Ich bitte Sie daher sehr, mir Ihre Hilfe nicht zu versagen.
Für Ihr Verständnis und Ihre Bemühungen danke ich Ihnen im Voraus.

W. Krausbeck

Brief von Wolfgang an Frau Klump

Begegnung mit einem Konsistorialpräsidenten

Ende Juni fuhr ich nach Magdeburg, um mir bei Konsistorialpräsident Detlef Hammer Rat und neue Informationen zu holen. Ein Freund hatte mir erzählt, dass Herr Hammer längere Zeit im Staatsdienst gearbeitet habe und über Ausreiseprobleme informiert sei. Obwohl die evangelische Kirche als vertrauenswürdig galt, trat ich dem mir unbekannten Mann mit einigem Misstrauen entgegen. Vorher hatte ich unseren Freund Peter gefragt, ob ich dem Mann trauen konnte. Er antwortete mir darauf: „Kannst Du mir denn trauen?" Ja, wem konnte ich schon hundertprozentig trauen? Eine traurige Erkenntnis!
Die Begegnung dauerte ca. 15 Minuten. Herr Hammer machte einen sympathischen Eindruck auf mich. Genau wie ich begann er unser Gespräch vorsichtig, wahrscheinlich testete auch er aus, ob er mir trauen konnte.
Das Ergebnis der Unterredung: Wartezeit von mindestens vier Jahren für Ärzte, sich nicht unterkriegen lassen, immer wieder an die staatlichen Organe schreiben, weiter arbeiten. Unabhängig voneinander mussten Wolfgang und ich die niederschmetternde Tatsache erkennen, dass es mit einer schnellen Familienzusammenführung nichts werden würde. Frau Klump hatte Wolfgang geschrieben, dass er sich ein Jahr nach dem ersten Antrag erneut melden sollte und mir hatte man gerade mitgeteilt, dass es mindestens vier Jahre dauern könnte. Wie sollte ich mit so einer Nachricht umgehen? Zu diesem Zeitpunkt würden Matthias 22 und Andreas 18 Jahre alt sein, beide wahrscheinlich ohne vernünftige Ausbildung. Das waren erschreckende Aussichten. Und was sollte ich während dieser langen Zeit machen? Wie lange konnte ich dem psychischen Druck standhalten? Würde unsere Ehe dieser langen Trennung standhalten?

Fernschreiben – Fernspruch – Funkspruch

Nr.

Angenommen	weiter an	Datum	Zeit	durch wen	Aufgenommen
durch					von
am					durch
Uhrzeit					am Zeit

Rangzeichen: – an –

Gardelegen, den 4. 8. 1988

Absender: KD Gardelegen – Hptm. Gutsche

An: BV Gera, KD Stadtroda

Betreff: Operative Maßnahmen im Zusammenhang mit der Nichtrückkehr von einer DFA-Reise in die BRD durch die

Bezug: Person Dr. Krausbeck

Im Ergebnis der OPK "Klinik" der KD Gardelegen zur Aufklärung des ungesetzlichen Verlassens der DDR durch Dr. Krausbeck, Wolfgang teile ich Ihnen folgenden Bearbeitungsstand mit:

- Die Mutter des Dr. Krausbeck

  Krausbeck, Ilse
  geb.am: 15. 2. 1917 in Bad Klosterlausitz
  wh.: 6530 Hermsdorf, W.-Seelenbinder-Str. 60

  hielt sich im Zeitraum vom 6. – 17. 2. 88 besuchsweise bei ihrer Freundin

  Gläser, Irene
  geb.am:
  wh.: 7530 Pforzheim,

  in der BRD auf und traf am 15. 2. 88 mit ihrem Sohn Dr. Krausbeck, Wolfgang zusammen.
  Dieser forderte seine Mutter auf, nach der Rückkehr in die DDR Einfluß auf seine Ehefrau zu nehmen, daß sie mit ihren Kindern die Übersiedlung nach der BRD anstreben soll.

- Die Ehefrau des Dr. Krausbeck

  Dr. Krausbeck, geb. Schröder, Ingeborg
  geb.am: 2. 6. 1950 in Halberstadt
  wh.: 3592 Bismark, Str. der Jugend 12
  OPK "Klinik"

  stellte am 16. 3. 88 beim Rat des Kreises Abt. Innere Angelegenheiten einen Antrag auf Wohnsitzänderung nach der BRD und Entlassung aus der Staatsbürgerschaft der DDR, welcher in der Folgezeit bekräftigt wurde.
  Dieser Antrag wurde am 8. 4. 1988 abgelehnt.

Text nicht über den Rand schreiben (741) Ag 101-82-1307

Kopie aus der Stasiakte

Ausreisevorbereitungen laufen weiter

Unser Leben lief weiter routinemäßig. Ich ging meiner Arbeit als Kinderärztin nach, Matthias bereitete sich auf seine Tätigkeit in Stendal vor und versuchte, seine vorerst letzten Ferien zu genießen. Von einer längeren Urlaubsreise ins Ausland rieten wir ihm alle ab für den Fall, dass wir überraschend einen Ausreisetermin bekommen würden.
Andreas besuchte ganz normal die Schule und trieb Sport. Er hielt seine schulischen Leistungen und trainierte weiterhin besonders Leichtathletik.
Trotz aller Routine waren die Lebensumstände, in denen wir uns befanden, nicht normal, denn einerseits lebten wir, als ob es immer so weitergehen sollte und andererseits rechneten wir jederzeit damit, innerhalb von 24 Stunden ausgewiesen zu werden. Das war schizophren und ich musste aufpassen, nicht die Kontrolle über mich zu verlieren.
Für den Fall der plötzlichen Ausweisung gingen wir davon aus, dass jeder von uns zwei Gepäckstücke tragen konnte und zusätzlich einen Rucksack. Aber was nimmt man mit? Die Gefriertruhe verkaufte ich meinem Bruder, den PKW-Hänger an eine Freundin. Außerdem lagen Kaufverträge über die Wohnzimmerschrankwand und den Trabant vor, so dass beides im Ernstfall sofort übergeben werden konnte, denn dem Staat sollte so wenig wie möglich in die Hände fallen. Regelmäßig schickte ich Pakete an Wolfgang, sodass die Bücherregale sich langsam leerten.

Die Bearbeitungszeit des Ausreiseantrages würde erst im Oktober ablaufen und wir rechneten nicht damit, dass sich die Abteilung Inneres vorher meldete. In Abständen bekräftigte ich regelmäßig unseren Ausreisewunsch bei der Abteilung Inneres. Bei einem Zwischengespräch beschwerte

ich mich über den Schulausschluss von Matthias. Die Mitarbeiter taten überrascht und gaben zu, dass das nicht rechtens war.
Neben all den Kämpfen um unsere Zukunft gönnte ich mir aber auch die Zeit, etwas Schönes zu unternehmen. An einem Augustwochenende machte ich gemeinsam mit Margitta und Uli einen Ausflug nach Halberstadt zu meiner Mutter. War das ein herrliches Wochenende!
Unterwegs mussten wir stoppen, weil die Zündkerzen verrußt waren und unser schöner Ausflug wäre fast zu Ende gewesen, bevor er richtig angefangen hatte. Als ich das Werkzeug aus dem Trabbi auspackte, lachten Uli und Margitta schallend, denn alles war total verrostet und praktisch unbrauchbar. Wo Wolfgang immer so penibel mit seinem Werkzeug gewesen war! Irgendwie brachte Uli das Auto wieder in Gang und wir konnten die Reise glücklich fortsetzen.
Am Samstag machten wir eine Tour durch den Harz. Wir pausierten am Blauen See, der mit seinem tiefblauen Wasser fast mystisch wirkte. Weiter ging es über Königshütte zum Mandelholz. Nach einem ausgedehnten Waldspaziergang machten wir in Blankenburg Station. Fast eine Stunde saßen wir auf einer Bank in der Sonne und erzählten belangloses Zeug, alberten herum. Wie schön, einmal ganz abzuschalten, keine Entscheidungen treffen zu müssen, einfach den Augenblick in der Natur zu genießen. Das tat der Seele einfach gut!
Am Abend besuchte ich alleine den Halberstädter Dom, wo ein Orgelkonzert angekündigt war. Die Sonne schien durch die bunten Bleiverglasungen und der schlichte gotische Bau erstrahlte in ganz besonderem Glanz. Als die Orgelklänge ertönten, erfasste mich eine tiefe innere Ruhe und Gelassenheit, eine ganz besondere Stimmung, in die ich mich dankbar fallen ließ.

Herbst 1988

Das erste Septemberwochenende verbrachte ich mit Andreas in Dessau. Marlens Vater hatte Geburtstag und freute sich sehr über unseren Besuch. Wir fühlten uns willkommen und verbrachten ein paar unbeschwerte Tage. Ich war glücklich, meinen Bruder zu treffen. Alle zusammen besuchten wir das Bauhaus und machten lange Spaziergänge. Wolfgang riet mir bei jedem Telefonat, Briefe an die Abteilung Inneres zu schreiben. Inzwischen kam ich mir schon total blöd dabei vor, weil sowieso nichts passierte, alles nutzlos erschien. Manchmal glaubte ich, die warfen die Briefe ungelesen in den Papierkorb. Oder höhlte doch jeder Tropfen den Stein?
Matthias erfüllte die Arbeit im Krankenhaus mit Freude. Er war im OP eingeteilt und hatte immer viel zu erzählen. Den Gedanken an die Armee verdrängten wir. Würde er eingezogen werden, dürfte er erst drei Jahre nach Beendigung ausreisen, verweigerte er, drohte ihm Inhaftierung. Wolfgang konnte ich über Bekannte auf die Gefahr aufmerksam machen.
Die Geburtsurkunden der Kinder waren bei Wolfgang angekommen. Ein vertrauenswürdiger Freund hatte sie im Westen in den Briefkasten gesteckt. Vielleicht hätte ich sie auch offiziell schicken dürfen, aber wen hätte ich fragen sollen?

Ende September geriet ich mal wieder in helle Aufregung. Wolfgang hatte mich dringend gebeten, meinen Arbeitsplatz zu kündigen, so schnell wie möglich. Als Ärztin hätte ich vorläufig keine Chance, in den Westen auszureisen. Die Empfehlung hätte er von mehreren und höchsten Stellen, bedrängte er mich weiter. Ich war sehr verunsichert und überlegte hin und her, beriet mich mit Freunden, ob das

der richtige Weg war. Letzten Endes vertraute ich Wolfgangs Rat und dem der „höchsten Stellen." Zu Dienstbeginn am 29. September warf ich meine Kündigung zum 31.12.1988 in den Briefkasten. Anschließend saß ich in meinem Dienstzimmer und grübelte, ob diese Entscheidung richtig gewesen war. Ein Rest Unsicherheit blieb, aber ich wollte mit der Kündigung auch ein Zeichen setzen: Ich wollte endlich ausreisen!
Am nächsten Morgen informierte ich meine Sprechstundenschwestern in der Praxis und den Chefarzt der Kinderklinik über meinen bevorstehenden Abschied, damit sie nicht über andere davon erfahren mussten. Ein bisschen fühlte ich mich bei meiner Kündigung auch solidarisch mit Matthias, der seine Schule hatte aufgeben müssen und als Hilfspfleger arbeitete.
Inzwischen war es Oktober geworden und es gab immer noch keine Antwort auf unseren Ausreiseantrag, obwohl das halbe Jahr Bearbeitungszeit abgelaufen war.

Matthias feierte seinen 18. Geburtstag mit einigen Freunden. Das Leben ging ja weiter. Aber ganz ungetrübt war seine Freude sicher nicht. Von Wolfgang hatte er die Teilnahme an der Fahrschule über die Firma „Genex" bekommen, die in Westmark bezahlt wurde. In den nächsten Tagen musste er selber einen Ausreiseantrag stellen, weil er jetzt volljährig war.

Zur OPK „Klinik" vom 24.11.88

Weiterhin geht aus den vorliegenden Materialien der Abt. M hervor, dass der K. seine Frau ständig in der Richtung beeinflusst, dass sie und die Kinder der Familie K. nach wie vor den festen Wunsch haben, in die BRD überzusiedeln. Der K. betont immer wieder, dass er seine Familie braucht und alles für einen

gemeinsamen Neuanfang vorbereitet.In diesem Zusammenhang muss aber auch betont werden, dass die K., Ingeborg ihrem Ehepartner abstrichlos hörig ist und in einem Abhängigkeitsverhältnis zu ihm steht.
Die K. hat am 29.9.1988 ihre Kündigung beim ärztlichen Direktor der Einheit Krankenhaus/Poliklinik Gardelegen zum 31.12.88 aus persönlichen Gründen eingereicht. Nach bisher inoffiziell vorliegenden Informationen beabsichtigt sie entweder nach Nordhausen zum dort wohnenden Bruder ihres Gatten oder zur Schwiegermutter nach Hermsdorf zu ziehen.
Wie bereits erwähnt, verfolgt die K. ihre Übersiedlungsabsichten hartnäckig, was besonders seinen Ausdruck darin findet, dass sie in unregelmäßigen Abständen ihre Übersiedlungsabsichten in der Abt. Innere Angelegenheiten beim Rat des Kreises Gardelegen bekräftigt (letztmalig am 25.9.88). Über ihre Aktivitäten informiert sie stets ihren Ehepartner bzw. sie wird von ihm inspiriert. Wobei beide Eheleute davon überzeugt sind, dass es nur eine Frage der Zeit ist, bis die K. und die beiden Söhne in die BRD übersiedeln dürfen.
Im Wohngebiet sowie im Arbeitsbereich spricht die K. über ihr Vorhaben nicht. Lediglich, wenn sie danach befragt wird, gibt sie nur in der Form Antwort, dass die „Sache" noch läuft. In diesem Zusammenhang muss aber auch beachtet werden, dass das Ehepaar W., zu dem persönliche Verbindungen bestanden, im Oktober 1988 in die BRD übergesiedelt ist.
Bisher konnten aber keine Rückverbindungen des Ehepaares W. zu der K. festgestellt werden.
Weiterhin ist zu beachten, dass der Sohn
K r a u s b e c k, M a t t h i a s
der die EOS in Tangerhütte besuchte, in der Schule seine Mitgliedsbücher (DSF, GST und FDJ) mit der Bemerkung, er könne keinen Beitrag mehr bezahlen, beim Direktor abgab.
In einem weiteren Gespräch brachte er dem Direktor gegenüber zum Ausdruck, dass er während des WAL Prerow (Wehrausbildungslager) nicht an der Schießausbildung teilnehmen wird.
Gleichzeitig war ein deutliches Abfallen der schulischen Leistungen des K., Matthias feststellbar.

In einer mit dem K., Matthias und seiner Mutter durch den Direktor der EOS geführten Aussprache brachte die K., Ingeborg immer wieder zum Ausdruck, dass sie bei ihren Übersiedlungsabsichten bleiben.
Insgesamt kann eingeschätzt werden, dass die eingeleiteten Rückgewinnungsmaßnahmen erfolglos waren und die Zielstellung, die Rückgewinnung des K., nicht erreicht wurde.
Hinweise, wonach der K., Wolfgang Kontakte zu Feindorganisationen und feindlich - negativen Personenkreisen in der BRD unterhält, konnten bisher nicht erarbeitet werden
Ebenfalls konnten keine Informationen über Aktivitäten erarbeitet werden, die auf die Vorbereitung des ungesetzlichen Verlassens der DDR durch die K., Ingeborg sowie von ihr ausgehende Demonstrativhandlungen schließen lassen.
Verschiedene Maßnahmen werden vorgeschlagen(...)

Abschrift aus der Stasiakte

Dezember 1988

Nach meiner Kündigung hatte ich lange überlegt, was ich ab Januar beruflich machen sollte. Eine zusätzliche monatliche Einnahmequelle war schon gut. Und womit sollte ich mich sonst zu Hause den ganzen Tag beschäftigen und ablenken? So beschloss ich, ab 16. Januar als Hilfsschwester im evangelischen Feierabendheim in Bismark zu arbeiten. Einige Tage zuvor hatte ich mich beim Heimleiter vorgestellt und bei dieser Gelegenheit auch einige Mitarbeiter kennen gelernt. Auf den ersten Blick wirkten der Eingangsbereich und das Treppenhaus sehr düster, aber die Angestellten waren schon dabei, alles weihnachtlich zu schmücken. Obwohl alle nett zu mir waren, war es doch ein eigenartiges Gefühl. Viele Jahre hatte ich Mitarbeiter angeleitet und ab sofort durfte ich nicht einmal mehr Spritzen verabreichen, da ich keine abgeschlossene Schwesternausbildung vorweisen konnte. Aber ich hatte diesen Schritt selbst gewählt und wusste, welche Arbeiten auf mich zukamen. Wolfgang war von der Entscheidung nicht begeistert. Für mich jedoch war es lebenswichtig, eine Aufgabe zu haben, mich nützlich zu machen und Ablenkung zu finden, zumal der Ausreisetermin weiterhin völlig ungewiss war. Warum also nicht ältere, bedürftige Menschen versorgen?

Am 16.12.1988 musste sich Matthias zu einer Aussprache in Gardelegen einfinden. Die Vorladung erfolgte aufgrund seines Ausreiseantrages vom 21.10.88. Nach bekannter Manier teilte man ihm mit, dass eine Ausreise weder für ihn noch für den Rest der Familie jemals in Frage käme. Eine Bearbeitung des Ausreiseantrages vom April sei nicht erfolgt, weil keine neuen Gründe angeführt worden seien. Der Ausschluss aus der Schule sei ein Versehen und rechtlich nicht begründet gewesen.

Ich war empört und sprachlos. Da hatte man uns sechs Monate warten lassen und es nicht einmal für nötig befunden, uns über den Umstand zu informieren, dass der Antrag gar nicht bearbeitet wurde. Die Behörden verfuhren offensichtlich nach dem Motto, erst mal Zeit vergehen lassen, vielleicht geben sie doch noch auf. Wir als Personen zählten überhaupt nicht. Welch eine Menschenverachtung! Was die offiziellen Stellen nicht bedacht hatten, war, dass Wut und Enttäuschung stark machen können, den Kampfgeist anspornten. Es würde einen Weg für uns geben, das war meine volle Überzeugung. Je größer mein Einblick in dieses System wurde und je mehr ich mir erlaubte, die Fehler und Schwächen zu sehen und diese auch einzugestehen, um so mehr trieb es mich, diesen Staat zu verlassen, von dem ich mich mein Leben lang in Sicherheit hatte wiegen lassen.

Freunde und Bekannte waren entsetzt über den zähen und unwürdigen Verlauf unserer Ausreisebemühungen. Mit diesem Verhalten uns gegenüber öffneten die Behörden den Menschen die Augen über das, was in der DDR vorging. Was als abschreckendes Beispiel gedacht war, ging jetzt in die entgegengesetzte Richtung. Zweifel stellten sich bei vielen Leuten ein, denn jetzt wurden die Auswirkungen des ungerechten Systems bei einer Freundin sichtbar, waren nicht mehr anonym.

Ende Dezember fuhr ich noch einmal nach Magdeburg. Vielleicht gab es neue Erkenntnisse und Ratschläge von der Kirche in dieser neuen Situation. Jede Aktivität war besser als nur zu warten.

Die Begegnung mit dem Konsistorialpräsidenten war wesentlich lockerer und aufgeschlossener als beim ersten Treffen, wenn auch mit demselben Ergebnis. Nach seinen Erkenntnissen wurden Ärzte wie höhere Armeeangehörige gehandelt mit einer Wartezeit von vier Jahren. Die Tätigkeit als Ärztin aufzugeben, würde ebenfalls keinen Einfluss auf die Entscheidung haben. Auf keinen Fall sollte ich resignieren, denn es sei noch niemand in der DDR geblieben, der einen Ausreiseantrag gestellt hatte.

Das Gespräch war im Ergebnis nicht besonders aufbauend für mich. In dieser trüben Stimmung fuhr ich nach Hause in die Weihnachtsvorbereitungen. Immerhin waren wir drei zusammen und ich war froh, dass wir Heiligabend und am ersten Weihnachtstag allein für uns in Bismark waren. Für Wolfgang war es schwerer, denn er saß einsam in Steinfurt. Es war ein harmonisches Weihnachtsfest für uns drei in Ruhe und Besinnlichkeit. Die großen Kinder waren aufgeregt wie jedes Jahr und fragten immer wieder: „Wann ist endlich Bescherung?“ Und ich antwortete wie jedes Jahr: „Wenn es dunkel ist, wie immer.“ - „Können wir nicht die Rollläden herunterziehen?“ Nach der Bescherung besuchte

ich gemeinsam mit Uli und Margitta den Gottesdienst. Es war das erste Mal in meinem Leben und es war mir ein Bedürfnis, mit meinen Freunden und in dieser Gemeinschaft den nachdenklichen Worten des Pfarrers und der weihnachtlichen Musik zu lauschen.
Nach einem Glas Wein bei ihnen verbrachten wir den Abend zu Hause. Wolfgang hatte nachmittags angerufen. Er hatte wieder Nachricht erhalten und glaubte, dass bald etwas passieren würde. Ich teilte seine Meinung nicht, behielt dies aber für mich. Hoffnung allein reichte für mich nicht aus. Ich wollte mich an Fakten halten und anhand derer sah es eher so aus, dass wir noch eine lange Zeit getrennt leben mussten.

Lieber Wolfgang　　　　Bismark, d. 17.12.88

Weihnachten 1988 – ich bin sicher, das hattest Du Dir etwas anders vorgestellt. Und darum wollen wir Dir auch kein „fröhliches" Weihnachten wünschen, sondern eher eines, das etwas mit Hoffnung zu tun hat, und damit sind wir dem eigentlichen Sinn von Weihnachten ja auch wesentlich näher.
Wie mögen bei Dir die Feiertage aussehen? Sicher ist wohl, dass an solchen Tagen die Gedanken noch mehr und intensiver zu denen gehen, die man lieb hat, mit denen man zusammensein möchte.
Wissen sollst Du, dass wir sehr an Dich denken werden – an Dich, aber auch an Inge und die Kinder hier.
Für 1989 wünschen wir Euch, dass es Euch das ersehnte Zusammenleben beschert. Nach menschlichem Ermessen wohl nur ein schwer erfüllbarer Wunsch, aber Weihnachten gibt uns die Hoffnung, dass menschliches Ermessen nicht immer das Entscheidende ist.
Lieber Wolfgang, wir grüßen Dich ganz herzlich und wünschen Dir alles Gute

Peter und Familie

Brief unseres Freundes Peter an Wolfgang

Mein lieber Wolfgang! 23.12.88

Ich denke so viel an Dich und so möchte ich Dir für das kommende neue Jahr nur alles, alles Gute wünschen. Bleibe gesund, habe Erfolg in Deinem Beruf und vor allen Dinge wünsche ich Dir ein Zusammenkommen mit Deiner Familie. Das ist mein allergrößter Wunsch für Euch alle. Am Dienstag fahre ich nach Hause und will dann in Ruhe das Jahr 1989 beginnen. Was wird es wohl alles bringen? Es sollte Frieden für die ganze Menschheit werden und all das Schreckliche und Hässliche in dieser Welt aufhören.
Und so begleiten Dich meine guten Gedanken für Dich und Wünsche. Das sollst Du immer wissen, und es soll Dir auch weiterhin Kraft und Mut für die kommende Zeit geben. Ich umarme Dich, grüße und küsse Dich herzlich

Deine Mutti

Auch ich hoffe auf ein Wiedersehen 1989.

Weihnachtsgrüße von seiner Mutter an Wolfgang

Jahresausklang

Das Jahr ging dem Ende entgegen.
Elf Monate waren wir schon getrennt, die Familie zerrissen. Alles hatte sich verändert. Die Vergangenheit stand auf dem Prüfstand und für die Zukunft mussten neue Pläne entworfen werden, mit der Gegenwart musste ich mich auseinandersetzen. Wir hatten das große Glück, dass unsere Familie hinter uns stand, dass wir wirkliche Freunde hatten, dass wir drei fest zusammen standen, Hoffnung hatten und die Gewissheit, stark genug zu sein, um unser Ziel zu erreichen.
Am zweiten Weihnachtstag besuchten uns Lutz und Marlen und brachten auch meine Mutter mit, die am 30.12.

wieder nach Hause fuhr, weil ich am 31.12.1988, meinem letzten Arbeitstag als Ärztin, zum Notdienst im Krankenhaus eingeteilt war.

An einem Nachmittag ging ich mit meiner Mutter und unserem Collie Bronco im Wald spazieren. Es war unser üblicher Weg und der Hund sprang vergnügt herum und genoss den Auslauf. Plötzlich hörten wir ein herzzerreißendes Gewinsel und blieben wie versteinert stehen. Mein Puls raste vor Angst und die Brust wurde mir eng. Dabei sah alles aus wie vorher – der Wald lag friedlich vor uns, die Vögel zwitscherten. Zuerst war ich nicht in der Lage, nach Bronco zu sehen und rief immer wieder seinen Namen. Als Antwort kam das verzweifelte Winseln. So bewegte ich mich langsam durch das Gestrüpp in Richtung des Bellens. Inzwischen wurde es langsam dämmerig und der Wald wirkte auf einmal dunkel und die Zweige knisterten unheimlich unter meinen Füßen. Endlich entdeckte ich Bronco, der leise vor sich hinjaulte. Er war in eine Tellerfalle geraten und konnte sich nicht von der Stelle rühren. Als ich bei ihm war, legte er seinen Kopf auf mein Bein und winselte vor sich hin. Jede Bewegung verursachte ihm Schmerzen. Ich versuchte, die Falle zu öffnen, aber das war unmöglich und sowie ich einen Schritt weg ging, versuchte das arme Tier hinter mir herzulaufen und sprang mit der Falle am Bein herum. Bismark war noch gut eine halbe Stunde von uns entfernt und meine Mutter hatte Angst, mich im Wald allein zu lassen. Ich überredete sie, aus dem Ort Hilfe zu holen und sie rannte völlig aufgelöst los. Nun war es ganz dunkel, gruselig! Bronco hatte seinen Kopf wieder auf mein Knie gelegt. Wenn ich ihn streichelte, hielt er ganz still, nur manchmal jaulte er ein wenig. An der Pfote sah ich Blut und hoffte, dass das Bein nicht gebrochen war. Die Zeit verging schleppend. Eine Uhr hatte ich nicht dabei. Mein Bein schlief langsam ein. Aber ich rührte mich nicht, damit Bronco nicht noch mehr Schmerzen erleiden musste. Er war völlig erschöpft und der Kopf rutschte immer weiter nach unten. Die Umgebung wurde mit jeder Minute unheimlicher und mir gingen die unmöglichsten Dinge im Kopf herum. Zwar hatte ich mir einen Knüppel gesucht, der mir aber im Notfall nicht viel nützen würde.

Eine Ewigkeit schien vergangen zu sein, als ich endlich den Schein einer Taschenlampe aufleuchten sah und Stimmengemurmel hörte. Zunächst fanden die Helfer uns nicht und hörten auch mein Rufen nicht, aber endlich waren sie da. Nach mehreren vergeblichen Versuchen konnten Uli und Andreas die Falle öffnen und den Hund befreien, der aber nicht auftreten konnte, weil die Pfote schlaff herunterhing. Mit einem Stock und meinem Halstuch legte ich eine Schiene an. Dann fasste ich von hinten unter die Vorderpfoten und Bronco hüpfte auf den Hinterbeinen so gut es ging. Immer wieder mussten wir verschnaufen und Pausen einlegen, bis wir den Hauptweg erreichten. Da erwartete uns unser Freund, der Tierarzt war. Er sah sich das Bein an und meinte, es müsse eine Röntgenaufnahme gemacht werden. „Wie alt ist der Hund denn?“

Mir wurde schlecht, beinahe hätte ich mich übergeben. Wir verfrachteten den Hund ins Auto und fuhren erst mal nach Hause. Und dann erlebten wir eine Überraschung: Als wir die Autotür öffneten, sprang Bronco aus dem Auto, als ob nichts gewesen wäre. Ich war überwältigt vor Freude und vollkommen erledigt. Als die Anspannung nachließ, zitterte ich am ganzen Körper.

Nachdem wir Bronco versorgt und uns bei Manfred bedankt hatten, leerten Uli, Margitta, meine Mutter und ich zusammen eine Flasche Kräuterlikör. Wir waren alle einfach fix und fertig!

Am 31. Dezember 1988 saß ich zum letzten Mal im Dienstzimmer des Krankenhauses. Ein bisschen traurig war ich schon, dass ich gerade Silvester Dienst machen musste. Andererseits war ich dadurch abgelenkt und kam nicht ins Grübeln. Theoretisch hätte ich um 24.00 Uhr nach Hause gehen können, denn mein Arbeitsvertrag ging nur bis zum 31.12., aber das machte ich natürlich nicht.
Der Abschied von meinen Mitarbeitern in der Kinderarztpraxis fiel mir schwer, weil wir so ein gutes Verhältnis hatten und ich viel Unterstützung und Verständnis von den beiden Krankenschwestern erfahren hatte.
Meine Arbeit als Kinderärztin war auf unbestimmte Zeit beendet.

Ein neues Reisegesetz

Ein neues Jahr hatte begonnen und für uns gab es einen Hoffnungsschimmer am Horizont. Wolfgang schrieb uns, in der westdeutschen Presse gelesen zu haben, dass es neue Antragsformulare gebe und er bedrängte mich, solche zu besorgen. Zunächst konnte ich mich nicht entschließen. Wer wusste schon, ob diese Meldungen stimmten oder ob ich mich wieder lächerlich machen würde?
Durch die KSZE – Folgeverhandlungen in Wien und die veränderte Außenpolitik der Sowjetunion, die im Verlauf des Jahres 1987 auf die westliche Verhandlungsstrategie in Wien einging, geriet die DDR unter Druck.
„Das Politbüro veranlasste den Justizminister zur Erarbeitung eines Gesetzentwurfs zur gerichtlichen Nachprüfung von Verwaltungsentscheidungen; die gleichzeitig angeordnete Überprüfung der Beschlüsse zum Reiseverkehr mündete in eine Regelung des Politbüros, die am 30. November 1988 im Gesetzblatt der DDR als Ministerrats – Ver-

ordnung veröffentlicht wurde und am 1. Januar 1989 in Kraft tat. Politische Vorgabe war, keine über die bisherige Praxis hinausgehenden Reisemöglichkeiten zu schaffen und auch die ständigen Ausreisen nicht zunehmen zu lassen. Unter massivem Druck der Sowjetunion unterschrieb die DDR im Januar 1989 das Wiener KSZE – Abkommen. Damit ging sie nicht nur die Verpflichtung ein, das Recht eines jeden auf Ausreise aus jedem Land, darunter seinem eigenen, und auf Rückkehr in sein Land uneingeschränkt zu garantieren und die Einhaltung dieser Verpflichtung beobachten zu lassen." (Chronik des Mauerfalls)

Gemeinsam mit Matthias machte ich mich auf den Weg nach Gardelegen, in die Höhle des Löwen. Wir saßen zunächst in einem Raum mit einem Tisch und vier Stühlen, in welchem die Türen nur von außen zu öffnen waren und der mich stark an einen Verhörraum denken ließ, wie im Gefängnis!

Nach etwa einer halben Stunde holte uns der Leiter der Abteilung Inneres ins Besprechungszimmer und wir fragten nach den neuen Anträgen. Die gab es tatsächlich, angeblich hätte man uns in den nächsten Tagen sowieso benachrichtigt. Es müsse vor der Ausgabe eine Unterweisung stattfinden. Auf die Schnelle sei das natürlich nicht möglich. Ich wies darauf hin, dass wir beide im medizinischen Dienst tätig waren und so bekamen wir um 11.00 Uhr einen Termin. Der Ton während der Unterredung war wesentlich freundlicher und aufgeschlossener, was immer auch dahinter steckte, als bei den anderen Treffen. Ich wurde genauestens instruiert, was der formlose Antrag zu enthalten habe, und was in die Formulare eingetragen werden musste. Von Andreas musste eine notariell beglaubigte Einverständniserklärung beigelegt werden, dass er mit dem Ausreiseantrag einverstanden war. Ein Beamter besorgte fürsorglich einen Termin bei Gericht, damit nicht „unnütz"

Zeit verginge. Dies alles erweckte bei mir den Anschein, dass die Angelegenheit nun tatsächlich bearbeitet wurde und machte mir Hoffnung, dass es bald losgehen könnte. Zu Hause angekommen, verfiel ich in Hektik, fegte den Keller, räumte Schränke auf und packte Sachen zusammen, die wir unbedingt mitnehmen wollten, wenn es einmal plötzlich losgehen sollte.
Die neuen Anträge gaben wir am 1. Februar 1989 ab. Wir bezogen uns auf den § 10 Abschnitt 3, Ausreise aus sonstigen humanitären Gründen (Gesetzblatt Teil I Nummer 26, Verordnung über Reisen von Bürgern der DDR nach dem Ausland vom 30.11.1988). Die Bearbeitungszeit wurde wieder auf sechs Monate festgelegt.

Das Feierabendheim

Zunächst begann ein völlig neuer Lebensabschnitt für mich. Mein erster Arbeitstag im evangelischen Feierabendheim war am 16.1.1989.
Nach Begrüßung, Einführung, Belehrung und Einkleidung erteilte mir die leitende Schwester den Auftrag, die Toiletten in der unteren Etage zu putzen. Ich schluckte und erinnerte mich an ein Praktikum nach dem ersten Studienjahr, in dem ich auch die Toiletten hatte schrubben müssen und die Stationsschwester kontrolliert hatte, ob alles richtig sauber geworden war. Achtzehn Jahre später nun die gleiche Situation. Da mir jedoch bekannt war, dass Putzen zu meiner Tätigkeit gehörte, machte ich mich mit Eimer und Schrubber auf den Weg. Die alten Leute guckten ziemlich verdutzt, für sie war ich in erster Linie Frau Doktor.
Im Laufe des Vormittags ging ich den Gang entlang und hörte, wie jemand immer „Schwester, Schwester" rief. Ich schaute mich um, aber außer mir war niemand zu sehen.

Rat des Kreises Gardelegen
Abt. Innere Angelegenheiten
- Genehmigungswesen -

Gardelegen, den 3. 2. 1989

N i e d e r s c h r i f t

über die durchgeführte Aussprache zur Entgegennahme der Antragsunterlagen mit Frau Dr. Krausbeck, wohnhaft in Bismark, Straße der Jugend 12

Die Aussprache erfolgte am 1. 2. 1989, 13.00 Uhr, durch Gen. Brüssow und Genn. Wichmann.

Zu Beginn der Aussprache wurde erneut die Frage gestellt, ob es bei der Antragstellung der ständigen Ausreise in die BRD bleiben soll.
Frau Dr. Krausbeck brachte daraufhin eindeutig zum Ausdruck, daß sie die Antragstellung aufrechterhält, da der Ehemann sich fest entschlossen hat, nicht mehr in die DDR zurückzukehren.
Es wurde die Frage gestellt, ob sie die RVO vom 30.11.1988 vollständig gelesen hat, insbesondere die Versagungsgründe gemäß den §§ 13 - 15.
Sie kennt angeblich den Inhalt der Versagungsgründe, wollte sich jedoch dazu nicht näher äußern.

Da im weiteren Gespräch mit einer Abstandnahme nicht zu rechnen war, wurden die Antragsunterlagen entgegengenommen und auf Vollständigkeit überprüft.
Da im formgebundenen Antrag zu den Verwandten im Punkt 13 nicht alle Angaben vollständig gemacht wurden, erklärte sie dazu, daß angeblich kein Kontakt besteht und daher keine Beantwortung erfolgen konnte.
Im formlosen Antrag Blatt 2 bittet sie um Entlassung aus der Staatsbürgerschaft der DDR.
Dazu erhielt sie die Erklärung, daß eine Entlassung aus der Staatsbürgerschaft der DDR erst erfolgen kann nach Genehmigung der ständigen Ausreise in die BRD.

Danach wurden die vorliegenden Antragsunterlagen als vollständig angesehen und angenommen.

Abschließend wurde noch mal darauf verwiesen, daß der RdK Gardelegen für die weitere Bearbeitung allein zuständig ist.

Da der Antrag auf der Grundlage des § 10, Abs. 3 der RVO geprüft werden soll, ist eine Bearbeitungsfrist bis zu 6 Monaten zulässig.
Über die getroffene Entscheidung wird sie in einer persönlichen Aussprache informiert.

Mit diesen Festlegungen war sie einverstanden.

Frau Dr. Krausbeck hat ab 16.1.1989 einen Arbeitsvertrag als Teilfacharbeiter in der Krankenpflege im Evangelischen Feierabendheim Bismark, Vergütungsgruppe SII.

Brüssow

Kopie aus der Stasiakte

Daher öffnete ich die Toilettentür und sah Frau Sch., die sich von oben bis unten beschmiert hatte. Auch die Fliesen hatten reichlich abbekommen. Sie protestierte lautstark, als ich sie ins Bad brachte, weil sie doch erst am Vortag gebadet hatte.
Zum Tagesablauf gehörten weiterhin: Putzen, Wäsche aufhängen, Essen austragen, in der Küche helfen, mit Heimbewohnern spazieren gehen. 13.30 Uhr Feierabend!
Bald kannte ich das Personal und fast alle dreißig Heimbewohner mit Namen und der Arbeitsablauf war mir vertraut. Da ich im Februar schon allein Dienst machen sollte, waren die Schwestern sehr bemüht, mir alles beizubringen.
In der nächsten Woche war Frühjahrsputz angesagt, der Fensterputzen und das Waschen der Gardinen einschloss. Beim Fensterputzen beobachteten mich viele Bismarker, die auf der Straße vorbeigingen und nicht wussten, wo sie hingucken sollten. Das gab neuen Gesprächsstoff in der Stadt. Ich hatte mir vorgenommen, alle Aufgaben so gut wie möglich zu erledigen, bis auf eine Ausnahme. Es gab im Heim einen Bollerwagen, mit dem die Mitarbeiter zum Einkaufen in die Stadt fuhren und genau da wäre bei mir die Grenze erreicht gewesen – Heimbewohner waschen, Böden wischen, schmutzige Wäsche sortieren: selbstverständlich. Mit einem Bollerwagen durch die Stadt: ein klares Nein. Ich war Kinderärztin, arbeitete jetzt freiwillig als Hilfsschwester, aber da war noch ein Rest Stolz und sicher auch Trotz.
An einem Tag durfte ich den Medizinschrank aufräumen und sortierte die Arzneimittel nach medizinischer Indikation. Am folgenden Tag fand ich auf dem Tisch im Dienstzimmer einen Zettel: „Den Schrank haben Sie ganz ordentlich aufgeräumt. Nur mit dem Alphabet müsste es noch besser klappen!“

Ansonsten kam ich mit dem Personal gut zurecht. Sie sahen, dass ich meine Arbeit erledigte und merkten, dass man mit mir reden konnte. Da die Reinigungskraft nicht da war, mussten wir in einer Woche zusätzlich alle Putzarbeiten übernehmen. Der Speisesaal war mein Revier und das bedeutete, vierzig Stühle hochstellen, fegen, wischen und vierzig Stühle wieder runterheben. Nach solch einem Tag wusste ich, was ich getan hatte.

Der erste Spätdienst lief ziemlich hektisch ab. Ich musste für alle Heimbewohner Wurstplatten richten, Tee kochen, alles austeilen und das bis 17.00 Uhr. Nach dem Abwaschen war ich schweißgebadet.

Protest gab es, als ich zum Abtrocknen des Geschirrs das Besteckstuch verwenden wollte. In der Küche waren die Aufgaben für die Heimbewohner genau eingeteilt. So wuschen zwei Frauen die Medizingläser ab und zwei trockneten sie ab, eine Dame war für die Bestecke verantwortlich. Abweichungen von diesen Ritualen wurden nicht toleriert.

Ein Ereignis, welches mich sehr berührte, war die Faschingsfeier im Feierabendheim. Die Räume waren nett geschmückt, es gab Kuchen, ein kaltes Büfett und eine Bowle. Die alten Leute hatten sich kostümiert, zumindest ein Hütchen aufgesetzt, und saßen im Speisesaal bzw. tanzten durch die Räume. Frau M. hatte eine Rotkäppchen – Kappe mit Zöpfen auf dem Kopf. Für die meisten Heimbewohner war es eine willkommene Abwechslung, die sie in vollen Zügen genossen. Die fast neunzigjährige Frau N. jedoch beobachtete das lustige Treiben traurig, fast widerwillig. Sie schien mit dem Leben abgeschlossen zu haben und benötigte solchen Rummel nicht mehr. Schade für sie, denn alle anderen hatten viel Freude und vergnügten sich ein paar Stunden.

Der Tagesablauf war jetzt eingespielt. Wenn ich Frühdienst hatte, stand ich um 6.00 Uhr auf. Auf dem Weg ins Bad schaltete ich die Kaffeemaschine an und steckte eine Scheibe Brot in den Toaster. Auf dem Rückweg vom Bad nippte ich an meinem Kaffee und aß das Brot. Zwanzig Minuten nach 6.00 Uhr trank ich den Rest Kaffee, rauchte meine Morgenzigarette und fünf vor halb sieben saß ich auf dem Fahrrad. Im Feierabendheim angekommen wurden erst mal alle Fenster geöffnet, dann brachte ich Frau H., die mich schon freudig erwartete, ihre Tablette und sprach ein paar Worte mit ihr. Sie war eine zarte, fast zerbrechlich wirkende Frau, die mir gleich ans Herz gewachsen war. Sie machte sich Sorgen um mich und hatte immer ein paar liebe Worte parat.

Der nächste Weg ging in den Keller, wo ich einen Berg schmutziger Wäsche sortierte und die Waschmaschine anstellte. Als nächstes stand das Austeilen der Medizin auf dem Programm, dann Frühstück vorbereiten, wischen, putzen, Wäsche aufhängen, bügeln usw.

Jeder Bewohner hatte einen festen Badetag. Mit Frau Sch. war das immer eine spannende Angelegenheit. Bei ihr schaffte ich es kaum, alles wunschgemäß zu richten: Das Wasser war zu heiß oder zu kalt, die Seife lag falsch herum, zu viel oder zu wenig Schaum, das Handtuch vor der Wanne lag im falschen Winkel, beim Abtrocknen rubbelte ich zu wenig oder zu viel. Schwierig war es für mich, die richtigen Handgriffe zu finden, um ihr beim Ein- und Aussteigen aus der Wanne behilflich zu sein und ihr nicht weh zu tun. Ihr Körper bestand nur noch aus Haut und Knochen, wie ein zartes Vögelchen, der Geist war dafür noch wach und es gab Ärger, wenn ich mich tollpatschig anstellte. Dann wieder war es eine Wohltat, ihr zuzusehen und zuzuhören. Sie hatte so viel zu erzählen und freute sich immer über einen geduldigen Zuhörer. Im Gegensatz zu ihrem zarten Körper hatte sie einen starken Willen und konnte ziemlich stur sein. Beim Spazierengehen wollte sie sich immer bei mir einha-

ken, ich aber hatte meinen eigenen Griff, um sie auffangen zu können, wenn sie stolperte oder ausrutschte. Trotz ihres geringen Gewichtes hing sie schwer an meinem Arm und ich bekam manchmal Muskelkrämpfe. Nach mehreren Spaziergängen musste sie einsehen, dass ich noch sturer war als sie und seitdem verstanden wir uns prächtig. Obwohl sie schon so hinfällig war, entging ihren Augen nichts und ihr Verstand war wach. Sie bestaunte die Bäume, die mit Raureif bedeckt waren, beobachtete jeden Vogel, der im Garten herumflog und freute sich über die ersten Schneeglöckchen. Mit der Zeit freute ich mich auf unsere gemeinsamen Ausflüge, genoss die Gespräche und bekam einen neuen Blick für die Schönheiten der Natur.
Ein anderer Bewohner war Herr M., der mir erst ein bisschen asozial vorkam und dem ich gern aus dem Weg ging, weil er so knurrig wirkte, dabei war auch er ein ganz Lieber, der fast taubstumm war und sich wahrscheinlich auch erst an mich hatte gewöhnen müssen. Er freute sich, wenn ich ihm zuzwinkerte und Spaß mit ihm machte.
Die meisten Geschichten hörte ich in der Küche beim Abwaschen.
Die Heimbewohner schafften es häufig, mich von meinen trüben Gedanken abzulenken. So viele unterschiedliche Charaktere und Schicksale vereinten sich unter diesem Dach. Einige Bewohner waren einsam, andere wiederum arrangierten sich recht gut mit der Situation. Alle hatten den 2. Weltkrieg miterlebt, ein paar sogar den ersten, und hatten zum Teil Angehörige verloren bzw. ihr Hab und Gut oder selbst am eigenen Leib Schweres erleiden müssen. Nun hatten sie die letzte Station ihres Lebens erreicht und jeder von ihnen ging auf seine Weise damit um.
Nicht jeder hatte ein Einzelzimmer und so mussten einige ihr Zimmer mit einem anderen Heimbewohner teilen, was bedeutete, sich an eine unbekannte Person zu gewöhnen

und anzupassen. Manchmal klappte das nicht so gut und es gab Streitereien. Am Anfang belastete mich das sehr, weil ich immer dachte, im Alter verstehen sich alle und genießen die ihnen verbleibenden Tage, Wochen oder Monate. Als ich das einem Freund erzählte, meinte er: „Solange sie sich streiten, leben sie noch!"

Für mich war es zu diesem Zeitpunkt unvorstellbar, niemals ganz für mich allein sein zu können, meinen Gedanken nachgehen zu können oder einfach mal nur in der Stille zu sein. Wahrscheinlich ändert sich dieses Bedürfnis, wenn soziale Kontakte fehlen und man keine Aufgaben mehr zu erfüllen hat.

Und dann war da auch Frau H., ein ganz anderes Kaliber, die nicht sehr beliebt bei den anderen Heimbewohnern war, weil sie ständig herumnörgelte und stänkerte und immer etwas zu meckern hatte. Sie war ein hutzliges, kleines Frauchen mit Buckel, Nackenknoten und trug schwere schwarze Schuhe und so eine Art Kleiderrock in dunklen Farben. Wir trafen uns meistens im Klubraum, wo ich meine Zigarette rauchte und sie mit ihrem Nachttopf durchlief. Nachdem sie den Topf ausgeleert hatte, setzte sie sich zu mir, um noch ein Schwätzchen zu halten. Anfangs hatte ich es immer eilig, wieder an meine Arbeit zu kommen. Dann dachte ich, vielleicht sind ein paar Worte wichtiger, als immer nur zu putzen. Bald merkte ich, dass sie schon auf mein Erscheinen lauerte und traurig war, wenn wir nicht allein im Zimmer waren. Für ihre 84 Jahre war sie noch sehr an ihrer Umwelt interessiert und in der Politik auf dem Laufenden. Auch über meine komplizierte Situation redeten wir häufig.

Die Arbeit im Feierabendheim war für mich keine verlorene Zeit, sondern ein Lebensabschnitt, der mich sehr bereichert hat und mir viel Kraft gab.

Lieber Wolfgang! Bismark, den 24.3.89

Heute am Karfreitag sind unsere Gedanken besonders bei Dir. Es ist nun schon das 3. Osterfest, das wir getrennt verleben. Vor 2 Jahren war ich gerade im Schwarzwald. Wollen wir hoffen, dass alles bald ein gutes Ende findet.

...

Heute habe ich Eier gefärbt, denn morgen fahren wir nach Magdeburg. Nun sind meine Hände ganz bunt. Hoffentlich geht die Farbe noch ab.

Montag geht der Alltag wieder los. Die Arbeit ist ziemlich schwer, alles was auch sonst im Haushalt anfällt (waschen, bügeln, putzen) und natürlich die Heimbewohner versorgen (waschen, baden, spazieren gehen, Medizin verteilen). Trotzdem macht es Spaß, weil die alten Leute sehr dankbar sind. Außerdem mögen sie mich, glaube ich, alle ganz gern. Eine alte Dame sagte gestern, dass sie sich schon freut, wenn ich Montag wiederkomme. Auch nehmen alle viel Anteil an unserer Situation und fragen mich immer, wann man uns ausreisen lässt.

Du brauchst Dir keine Vorwürfe zu machen, dass ich diese Arbeit habe. Leider gibt es in Bismark keine freie Kinderarztstelle. So mache ich die Arbeit im Feierabendheim gern. Es ist für mich eine neue und ganz wichtige Lebenserfahrung.

Am 29.4. machen wir nun unsere kleine Feier Andreas zu Ehren (anstelle der Jugendweihe). Er fragte mich neulich, wenn ich einen Vater im Westen hätte und der würde mich fragen, was ich mir zu diesem Anlass wünsche, was ich dann sagen würde! Ich meinte, dass größere Dinge jetzt nicht angebracht sind, aber ein kleiner Wunsch sicher freisteht.

Übrigens nochmals vielen Dank für alles, was Du geschickt hast. Besonders freue ich mich über das Herz, das ich heute tragen werde.

Matthias bewundere ich, wie er ohne zu klagen seine Arbeit macht. Oft ist es sicher nicht einfach für ihn in so einem Frauenverein. Die anderen Mitschüler haben nun bald Prüfungen für das Abitur. Und er könnte auch dabei sein. Sicher belastet ihn das alles sehr.

...

Am Telefon sagt sich vieles so schwer, aber Du kannst glauben, dass ich in Gedanken bei Dir bin. Den Kindern geht es genauso. Sie ziehen sich dann meistens in ihr Zimmer zurück.
Wir geben auf keinem Fall die Hoffnung auf. Es muss einen Weg geben, da sind wir ganz sicher.

Liebe Grüße und Küsse

Inge

Lieber Wolfgang! Bismark, den 31.3.89

Heute ist so ein Tag, wo es mir nicht so gut geht. Wir haben Uli von Stendal abgeholt, weil Uwe keine Zeit hatte. Uli und Margitta sind nun wieder zusammen, nach nur 4 Wochen Trennung!
Bei mir spielt Mozart und Andreas hat sich verdrückt. Wir haben ein sehr gutes Verhältnis bekommen (meistens). Natürlich gibt es auch mal Probleme, und dann sind Toleranz und Verständnis nötig. Trotzdem ist er unheimlich in Ordnung.

Letztes Wochenende fragte mich Marlen, wie ich das alles schaffe, und ob ich Tabletten nehme. Ich habe keine Ahnung, wie das kommt, aber auch Probleme machen stark. Außerdem habe ich im letzten Jahr zu schätzen gelernt, was Freundschaft bedeutet. Ohne wenn und aber haben alle zu uns gehalten. Ich hoffe, dass ich das nie vergessen werde. In manchen Stunden bin ich sehr einsam und muss damit fertig werden. Es bleiben die Gedanken an eine gemeinsame Zukunft.

So, inzwischen hatte ich einen Anruf und eine Einladung zum 8.4.. Das wird die 3. Feier nächste Woche: am Montag Manfred, am Donnerstag Ingrid (40.!) und am 8.4. Uwe. Da wirst Du oft an mich denken, noch öfter als sonst? Alle fragen oft nach Dir und wünschen uns allen, dass wir bald wieder zusammen sind.
Beethovens 5. hat jetzt Mozart abgelöst. Mir ist heute mal so.

Im Altersheim ist täglich eine Morgenandacht, an der ich meistens teilnehme. Vieles ist mir unverständlich, aber manches gibt mir doch Anlass zum Nachdenken. Einmal ging es darum, dass wir immer die anderen Menschen ändern wollen. Jeder sollte lieber versuchen, den anderen zu akzeptieren, und sich auf ihn einstellen. Ich glaube, dass ist vielleicht das größte Problem überhaupt. Es fängt in der Familie an, geht bei Bekannten weiter und manchmal kümmert man sich um Leute, die einen gar nichts angehen. Nur sich selbst hält man für so gut, dass es nichts zu verbessern gibt. Und das ist doch wirklich schlimm. Merkst Du, dass mir langsam Flügel wachsen?...

Wir haben uns alle verändert, die beiden Jungen sind erwachsen geworden. Aber mit Liebe und Toleranz ist jede Hürde zu schaffen!

Was gibt es sonst noch? Die Toilettenspülung war defekt, ist wieder in Ordnung. Du siehst, ich bin den Alltagssorgen gewachsen. Allerdings muss ich auch sagen, dass ich gemerkt habe, dass Du doch viel mehr gemacht hast, als ich immer dachte. Solche Dinge nehmen viel Zeit in Anspruch, und ich brauchte mich sonst nicht darum zu kümmern.

Liebe Grüße und Küsse

Inge

KD Gardelegen

Gardelegen, den 12.05.1989

bestätigt

Leiter der Kreisdienststelle

Lüdeke
Oberstleutnant

Zwischenbericht
zur OPK "Klinik", Reg.-Nr. VII/376/86

Am 26.02.88 wurden die Personen

Name, Vorname:	Krausbeck, Ingeborg
PKZ:	020650 5 1013 6
Geburtsort:	Halberstadt
wohnhaft:	3592 Bismark, Str. d. Jugend 12
erl. Beruf:	Kinderärztin
jetz. Tätigkeit:	Pfleger
Arbeitsstelle:	ev. Feierabendheim Bismark
Parteizugehörigkeit:	parteilos
Organisationen:	FDGB
Vorstrafen:	keine

und

Name, Vorname:	Krausbeck, Wolfgang
PKZ:	300848
Geburtsort:	Eisenberg
erl. Beruf:	Facharzt für Chirurgie
jetz. Tätigkeit:	Arzt
Arbeitsstelle:	unbekannt
Parteizugehörigkeit:	parteilos, bis 1988 SED
Organisationen:	bis 1988 FDGB und DSF
Vorstrafen:	keine

Begründung

Der K. beantragte für den Zeitraum vom 24.01. bis 02.02.88 eine besuchsweise Ausreise in dringenden Familienangelegenheiten zu seiner in der BRD lebenden Cousine

Dr. Krausbeck, Christine....
geb.am: [geschwärzt]
wh.: 6228 Eltville, Kiedricher Str. 14

die er gem. § 213 (2) StGB zu einem ungesetzlichen Verlassen der DDR nutzte.
Nach Bekanntwerden dieser Straftat nahm die Ehefrau des K. zunächst eine ablehnende Haltung zum ungesetzlichen Verlassen der DDR durch ihren Ehepartner ein und wollte sich selbst aktiv am Rückgewinnungsprozeß, nach Zusicherung von Straffreiheit, beteiligen.
In der Folgezeit, als die Rückgewinnungsmaßnahmen keinen Erfolg zeigten, trat die K. erstmalig am 14.03.88 mit einem Antrag zur ständigen Ausreise aus der DDR beim Rat des Kreises Gardelegen, Abt. Innere Angelegenheiten, in Erscheinung.
Diesen Antrag, welchen sie als Familienzusammenführung begründet, verfolgt die K. hartnäckig.

Zielstellung der OPK

1. Umfassende Aufklärung des Sachverhaltes der rechtswidrigen Nichtrückkehr, vor allem zum tatsächlichen Motiv beider Ehepartner sowie rechtzeitiges Erkennen der Pläne und Absichten zur vorbeugenden Verhinderung evtl. Straftaten, insbesondere gem. § 213 StGB.

2. Erarbeitung von Ansatzpunkten für eine mögliche Rückgewinnung des K. durch Ausnutzung seiner Rückverbindungen in die DDR.

3. Schaffung von Voraussetzungen zur langfristigen positiven Beeinflussung der Ehefrau des K., um bei Scheitern einer Rückgewinnung des Ehemannes eine Abstandnahme von ständigen Ausreiseabsichten in die BRD zu erreichen.

Basierend auf den Einleitungsbericht vom 25.02.88 und den Sachstandsbericht vom 25.07.88 sowie des Zwischenberichtes vom 24.11.88 konnten im Berichtszeitraum nachfolgende Informationen erarbeitet werden.

Mit Beginn des Jahres 1989 ist die K. als Pflegerin im ev. Feierabendheim Bismark tätig.
Da sie angeblich der nervlichen Belastung in ihrer früheren Tätigkeit nicht mehr gewachsen ist, hat sie die Arbeitsstelle gewechselt.

Jedoch erfolgte der Wechsel der Arbeitsstelle in erster Linie, um sich den gesellschaftlichen Einflüssen zu entziehen und sich der Umwelt gegenüber abzukapseln.
Es ist feststellbar, daß die K. im Wohngebiet keinen Umgangskreis hat und Kontakte mit der Bevölkerung meidet.

Zu den gesellschafts-politischen Höhepunkten 01.05.89 und 07.05.89 (Kommunalwahlen) ging die K. ihrer beruflichen Tätigkeit als Pfleger im ev. Feierabendheim nach.
Am 01.05.89 trat sie politisch-operativ nicht in Erscheinung und am 07.05.89 trat sie als Nichtwähler in Erscheinung, um ihrer Antragstellung auf ständige Ausreise Nachdruck zu verleihen.
Nach dem Inkrafttreten der neuen Reiseverordnung erschien die K. mit ihrem Sohn

Krausbeck...., Matthias...
geb.am: 18.10.1970
wh.: 3592 Bismark, Str. d. Jugend 12

am 20.01.89 beim Rat des Kreises Gardelegen, Abt. Innere Angelegenheiten, um entsprechend der Reiseverordnung die Antragsunterlagen für eine ständige Ausreise in die BRD in Empfang zu nehmen.
Diese Antragsunterlagen wurden von ihr termingemäß am 01.02.89 in der Abt. Innere Angelegenheiten des Rates des Kreises Gardelegen abgegeben.
In ihrer Begründung für die Antragstellung gibt sie an, daß die ständige Ausreise zum Zwecke der Familienzusammenführung erfolgen soll.
In ihrer Begründung legt sie dar, daß ihr Ehepartner von einer besuchsweisen Reise in die BRD dort verblieben ist und bei bei Ehepartnern der Wunsch des Zusammenführens der Familie vorhand ist.
Jedoch legt sie auch dar, daß eine Rückkehr ihres Ehegatten in die DDR nicht in Betracht kommt.
Diese Aussage hat die durchgeführte Kontrollmaßnahme in der Ab M der BV Magdeburg bestätigt.
Mit Hilfe der in der BRD lebenden Verwandten hat der K. dort zum gegenwärtigen Zeitpunkt sich relativ fest integriert.
Er bewohnt in der BRD eine eigene Wohnung und hat eine Tätigke als Arzt aufgenommen.
Der genaue Arbeitsort ist jedoch nicht bekannt.

Es muß eingeschätzt werden, daß der Rückgewinnungsprozeß des K negativ verlaufen ist und die Ehefrau immer hartnäckiger als Antragsteller auf ständige Ausreise in die BRD in Erscheinung tritt.

4

Aus der vorliegenden Korrespondenz des K. mit seiner Ehefrau geht hervor, daß die K. ihrem Ehepartner hörig ist und seinem Willen unterliegt.
Darüberhinaus übt der K. auf seine beiden Kinder denselben Einfluß aus.

Die Überprüfung der BRD-Person Brues ergab, daß es sich um folgende Person handelt:

Brues, Herbert
wh.: 4430 Steinfurt-Burgsteinfurt/BRD

Telefon:

In welchem Verwandtschaftsverhältnis der B. zu der K. steht bzw. um was für eine Person es sich bei dem B. handelt, darüber liegen bisher noch keine Hinweise vor.

Insgesamt muß eingeschätzt werden, daß die Rückgewinnungsmaßnahmen zu K. erfolglos waren und die Zielstellung der Rückgewinnung nicht erreicht wurde.
Durch die zielgerichtete Unterstützung des K. in der BRD durch die dort lebenden Verwandten wurde er weiter in die gesellschaftlichen Verhältnisse der BRD integriert und sein Standpunkt, in der BRD zu verbleiben, erhärtet.
Wie bereits im Zwischenbericht vom 24.11.88 dargelegt, steht die K. in einem Abhängigkeitsverhältnis zu ihrem Ehepartner, so daß der Einfluß auf die K. und ihre beiden Kinder nicht unterbunden werden konnte, sondern durch die zunehmende Integration des K. in der BRD der Einfluß sich auf seine Ehefrau und die Kinder verstärkt hat.
Die K. verfolgt ihren Antrag auf ständige Ausreise in die BRD hartnäckig und übt auch einen entsprechenden Einfluß auf ihre Kinder aus.
Der am 01.02.89 gestellte Antrag zur ständigen Ausreise wird durch die Abt. Innere Angelegenheiten beim Rat des Kreises Gardelegen bearbeitet.
Da die K. mit einer positiven Antwort in ihrem Sinne rechnet, kann gegenwärtig eingeschätzt werden, daß sie keine weiteren Aktivitäten hinsichtlich der Realisierung ihres Vorhabens durchführt.
In der bisherigen Durchführung der OPK "Klinik" konnten keine Hinweise auf die Verletzung von Strafrechtsnormen des StGB durch die K. erarbeitet werden. Informationen, die auf eine Verbindungsaufnahme durch den K. in der BRD zu Feindorganisationen bzw. feindlich-negativen Personenkreisen in der BRD schließen lassen, konnten ebenfalls nicht erarbeitet werden.

Im Ergebnis der bisherigen operativen Kontrolle werden zur weiteren Durchführung der OPK nachfolgende Maßnahmen vorgeschlagen:

Lfd. Nr.	zu klärende Fakten/Ziele	einzuleitende Maßnahmen u. Aufgaben eingesetzte Kräfte und Mittel	Termin Verantwortlich Kontrolle
1.	Weitere Klärung der Motive für die Antragstellung zur ständigen Ausreise in die BRD unter dem Aspekt der Suche von Ansatzpunkten für die Rückgewinnung	Über den GMS "Paul Giese" wird eine Aussprache mit der K. realisiert, in der die Sinnlosigkeit ihres Vorhabens dargelegt und ihre Antragstellung auf ständige Ausreise abgelehnt wird.	30.06.89 Hptm. Haase Hptm. Gutsche
2.	Rechtzeitiges Erkennen sowie Verhinderung von Straftaten, insbesondere gem. § 213 StGB sowie provokativ-demonstrativer Handlungen	Kontrolle der K. und ihrer Kinder im Wohngebiet durch den Einsatz der IM . FIM "Hans Knappe" . IMS "Klaus Mallon" . FIM "Linde" . IMS "Löwe"	
		Führen einer Absprache mit der KD Stendal mit dem Ziel der Prüfung der Möglichkeit der Kontrolle des K., Matthias im Arbeitsbereich.	15.06.89 Hptm. Haase Hptm. Gutsche
3.		Einleitung einer Zielfahndung der Abt. III	15.06.89 Hptm. Haase Hptm. Gutsche
		Einleitung einer Kontrollmaßnahme der Abt. 26	15.06.89 Hptm. Haase Hptm. Gutsche

Lfd. Nr.	zu klärende Fakten/Ziele	einzuleitende Maßnahmen u. Aufgaben eingesetzte Kräfte und Mittel	Termin Verantwortlich Kontrolle
4.	[geschwärzt]	[geschwärzt]	30.06.89 Hptm. Haase Hptm. Gutsche

Nach Realisierung wird bis zum 30.09.89 ein Sachstandsbericht zum Stand der Durchführung der OPK erarbeitet.

Gutsche
Hauptmann

i.A. [Unterschrift]
Haase
Hauptmann

Kopie aus der Stasiakte

Sammelbeschwerde

BStU
000297

Brigitte Klump
Seepromenade 5
D-8124 Seeshaupt

13-5-1989

Der Vorsitzende
Rat des Kreises Gardelegen
Abt. Innere Angelegenheiten
DDR-3570 Gardelegen

Sehr geehrter Herr Vorsitzender,

ich erlaube mir, Sie vorab zu unterrichten, daß ein Bundesbuerger aus eigenem Entschluß, ohne Verabredung mit seinen Angehoerigen/Freunden in der DDR, den Fall

Dr. Krausbeck Ingeborg, geb. Schröder
02-06-1950 in Halberstadt
Krausbeck Matthias, 18-10-1970 in Magdeburg
Krausbeck Andreas, 08-08-1974 in OSterburg
Straße der Jugend 12
DDR-3592 Bismark

meiner 24. Sammelbeschwerde zugefuehrt hat, fuer das Verfahren von 1503 des Wirtschafts- und Sozialrats (ECOSOC) der Vereinten Nationen bestimmt. Eine signalisierte Abwicklungsbereitschaft kann die Aufnahme in meine Sammelbeschwerde vermeidbar machen.

Hochachtungsvoll Brigitte Klump

Beschwerdefuehrer bei den Vereinten Nationen

Anmerken moechte ich, daß aus Gruenden des Ausreiseschutzes eine Kopie des Schreibens den Vereinten Nationen uebergeben ist.

Kopie aus der Stasiakte

Eidesstattliche Erklärung für UNO - Petition

Ich versichere an Eides statt, dass ich meine UNO - Petition aus freiem Entschluss verfasst habe, ohne Auftraggeber, unverabredet mit meinen Freunden/Angehörigen in der DDR, einzig und allein aus humanitären Beweggründen, von meinem Willen, zu helfen, bestimmt, aus eigener Kenntnis der hier dargestellten Sachverhalte.

Mein Gewissen ist mein Auftraggeber.

Mir ist bekannt, dass Verabredungen (einschließlich Vorbereitung und Versuch) zwischen Bürgern der DDR und Bürgern der Bundesrepublik Deutschland zum Zweck der Petitionsführung bei den Vereinten Nationen aufgrund der Strafgesetzgebung der DDR mit hohen Haftstrafen belegt werden können.

Nach § 99 Landesverräterische Nachrichtenübermittlung (Wer der Geheimhaltung nicht unterliegende Nachrichten sammelt...)von zwei bis zu zwölf Jahren.

Nach § 219 Ungesetzliche Verbindungsaufnahme bis zu fünf Jahren

Unterschrift mit Adresse
Datum
Beglaubigt

zur Sammelbeschwerde von Brigitte Klump, 13.5.1989

Bezirksverwaltung
für Staatssicherheit
Abteilung M

Magdeburg, 18.05.89
sch-bö 2448/89.

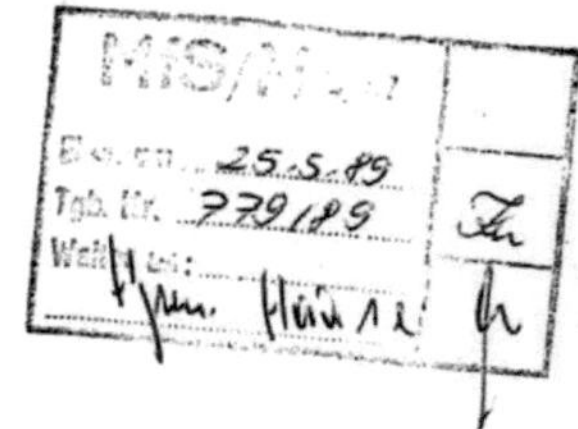

Kreisdienststelle
Gardelegen

Leiter

Operativinformation 258/89

Der Diensteinheit wurde bekannt, daß die BRD-Person

Klump, Brigitte
Seepromenade 5
8124 Seeshaupt

Beschwerdeführerin bei der UNO auf der Basis des Verfahrens 1503 des Wirtschafts- und Sozialrates, sich an den Vorsitzenden des

Rates des Kreises
Abt. Innere Angelegenheiten
3570 Gardelegen

wendet, um in erpresserischer Weise die Genehmigung der Antragstellung auf ständige Ausreise der Personen

Krausbeck, Ingeborg
PKZ 020650510136 Halberstadt

Krausbeck, Matthias
geb. am 18.10.70 in Mgb.

Krausbeck, Andreas
geb. am 08.08.74 in Osterburg

3592 Bismark, Str. d. Jugend 12

zu erwirken. Die Klump führt an, den Fall -Krausbeck- der 24. Sammelbeschwerde zugeführt zu haben. Eine positive Entscheidung würde dies rückgängig machen. Die Klump ist eine Feindin der DDR.
Der Ehemann der Krausbeck verblieb 1988 nach einer Besuchsreise in der BRD. (Ifo mittels M 12 am 27.2.88 an KD Gardelegen)
Entsprechend Rücksprache mit Gen. Drechsel/BKG wurde die Sendung an den Empfänger weitergeleitet um eine Offizialisierung des Materials vornehmen zu können.

Um Kenntnisnahme wird gebeten.

Leiter der Abteilung

Theile
Oberstleutnant

Verteiler/Anlage

KD Gardelegen	Kopie
BKG	Kopie
MfS M/AKG	Kopie
Abt. M	Kopie

Kopie aus der Stasiakte

39. Geburtstag

Meinen 39. Geburtstag am 2. Juni 1989 feierte ich in einem kleinen Lokal in der Stadt. Dazu hatte ich alle Freunde eingeladen, weil ich ganz sicher war, dass dies meine Abschiedsfeier sein würde. Meine Mutter, Lutz und Marlen waren natürlich auch dabei. Es war ein sehr fröhliches Fest, manchmal auch ein wenig wehmütig. Ob ich jemals wieder so einen Freundeskreis haben würde?

Einer lieben Freundin zum Geburtstag
Sie kamen nach Bismark – Ihr wart ein Quartett,
die Inge, der Wolfgang, zwei Jungen.
Wir lernten Euch kennen und fanden Euch nett,
schon wurde gemeinsam gesungen.

Sie lebten in Bismark – Ihr wart ein Quartett,
der Wolfgang mit Sinn fürs Reale.
Bei ihm zählt die Technik, das Auto, das Brett
Und weniger die Ideale.

Sie wohnten in Bismark – vereint im Quartett,
die Inge mit Herz und mit Fragen.
Sie liebt das Poem, das Konzert, das Ballett,
die Musen sind's, die Dich tragen.

Sie staunten in Bismark – jäh brach das Quartett
Auseinander, man konnt es nicht fassen.
Musizieren kann man zwar auch als Terzett,
doch Ihr wollt's bei „Vieren“ belassen.

Sie trauern in Bismark – doch, geschieden muss sein!
Unser Wunsch: werdet wieder komplett!
Und stellt Euch erneut aufeinander ein,
denn Ihr seid ein GUTES QUARTETT. -hps.-

Vorschlag zur Genehmigung der ständigen Ausreise

Bismark, 02. Juni 1989
Bezirksverwaltung Magdeburg Gardelegen, 12.06.89

Kreisdienststelle Gardelegen
V o r s c h l a g
Zur Genehmigung der ständigen Ausreise aus politisch - operativen Gründen

---

Name: Krausbeck, geb. Schröder
Vorname: Ingeborg
PKZ: 020650 5 1013 6
Geburtsort: Halberstadt
Hauptwohnsitz: Str. d. Jugend 12, 3592 Bismark, Krs.Gardelegen
Familienstand: verheiratet
Staatsbürgerschaft: DDR
Beruf: Facharzt für Kinderheilkunde
Tätigkeit/Arbeitsstelle: Pfleger, Ev. Feierabend heim Bismark
Vorstrafen: keine
Besitzverhältnisse und Finanzielle Verbindlichkeiten: keine
Zugehörigkeit zu Parteien und Massenorganisationen: FDGB
Versagungsgründe: keine
Begründung des Vorschlages:
Der Ehemann der K. teilte während einer genehmigten Besuchsreise am 07.02.88 aus der BRD fernmündlich mit, dass er in der BRD verbleibt und fordert seine Familie auf, über eine Antragsstellung auf Übersiedlung nachzukommen.
Am 14.03.88 stellte die K. mit der Begründung der Familienzusammenführung für sich und ihre Kinder ein Übersiedlungsersuchen und verfolgte dieses hartnäckig.
Mit Datum vom 01.02.89 reichte die K. für sich und ihren Sohn Andreas einen Antrag auf ständige Ausreise in der Abt. Innere Angelegenheiten ein und besteht hartnäckig auf die Bearbeitung.
Inoffiziell wurde unserer DE bekannt, dass auf Initiative des Ehemannes der K. in der BRD der „Fall

Krausbeck" durch die als Feindstelle erkannte Person
Klump, Brigitte
Seepromenade 5
8124 Seeshaupt
der 24. Sammelbeschwerde bei der UNO auf der Basis des Verfahrens 1503 des Wirtschafts- und Sozialrates zugeführt wurde.

Aufgrund der bei der K. inzwischen verfestigten ablehnenden Haltung zu den gesellschaftlichen Verhältnissen in der DDR und der ständigen Einflussnahme durch den Ehemann ist perspektivisch keine Grundlage für eine Rückgewinnung gegeben.

Mit Wirkung vom 01.01.89 legte die K. mit Begründung der psychischen Überlastung ihre Tätigkeit als Arzt nieder.

Im Zusammenhang mit den aufgeführten Faktoren schlage ich aus politisch - operativen Gründen die ständige Ausreise der Antragstellerin Krausbeck, Ingeborg und ihres Sohnes Krausbeck, Andreas vor.

Versagungsgründe gem. DA 2/88 des Gen. Minister sowie der Ordnung 0175/88 des MdI bestehen bei den nachgeführten Personen nicht.

Leiter der Kreisdienststelle

Abschrift aus der Stasiakte

Die Ausreise naht?

Diesmal waren wir uns ganz sicher, dass es klappen würde. Die gesetzlichen Grundlagen waren gegeben, die Bearbeitungsfrist von sechs Monaten war abgelaufen.

Die Schrankwand aus dem Wohnzimmer hatte ich Uwe, dem Sohn von Margitta und Uli, überlassen, der sich gerade eine Wohnung einrichtete. Er hatte besonders Andreas und Matthias durch seine lockere, fröhliche Art über manche Durststrecke geholfen. Und auch für mich war es immer erfrischend, wenn er kurz vorbeikam und über dieses und jenes erzählte.

Rat des Kreises Gardelegen

Bezirk Magdeburg

Abteilung: Innere Angelegenheiten

- Leiter -

Aktenzeichen:

Frau
Dr. Ingeborg Krausbeck
Straße der Jugend 12

Bismark

3592

Ihre Zeichen | Ihre Nachricht vom | Unsere Zeichen | 3570 Gardelegen, den 2

Betreff:

Werte Frau Dr. Krausbeck!

Zum Zwecke einer persönlichen Aussprac
bitte ich Sie, am

Montag, dem 10.07.1989 um 08.30 Uhr

im Rat des Kreises Gardelegen, Haus 1,
erscheinen.

Diese Einladung ist vorzulegen.

Mit sozialistischem Gru

Hoppe

Bank: Staatsbank Gardelegen, Konto-Nr. 3031-24-611 Fernsprecher: V
IV 32 2 69 NgG 2 57-89

Kopie aus der Stasiakte

Am Wochenende war ich mit meiner Mutter bei unseren langjährigen Freunden Walter und Dorle eingeladen und wir saßen gemütlich auf der Terrasse des Wochenendhauses in Arendsee. Die Stimmung war ein bisschen gedrückt wegen des baldigen Abschieds, aber auch freudig erregt, weil es endlich vorwärts gehen sollte. Auf dem Rückweg besuchten wir unsere Freunde Angelika und Uwe, die ebenfalls davon ausgingen, dass die Warterei endlich ein Ende hatte.
Unsere Koffer waren mit Bettwäsche, Handtüchern und Geschirr vollgepackt. Jeder sollte zwei Teile mit den Händen tragen. Für Kleidungsstücke lagen Rucksäcke bereit. Wir waren alle kribbelig, vermieden es, über die Ausreise zu sprechen.
Am 10. Juli fuhr ich gemeinsam mit Matthias nach Gardelegen zum Rat des Kreises, Abteilung Innere Angelegenheiten. Für den Abend hatten wir Freunde eingeladen, um Abschied zu feiern und letzte Erinnerungsfotos zu machen. Vormittags hatten sich Dorle und ein Cousin und dessen Frau gemeldet, um den Termin der Ausreise zu erfahren. Im Auto sprachen wir nur das Nötigste und hingen unseren Gedanken nach. Auch diesmal wurden wir gleich vorgelassen. Auf dem Schreibtisch lagen zwei Briefbögen und instinktiv wusste ich, dass sie eine Ablehnung bedeuteten. In mir breiteten sich Traurigkeit und eine wahnsinnige Wut aus. Eins war mir sofort klar, wie ein geprügelter Hund würde ich diesen Raum heute nicht verlassen.
„Was denken Sie denn, wie wir entschieden haben?" - „Selbstverständlich lassen Sie uns ausreisen!" - „Wie kommen Sie denn darauf?" - „Die gesetzlichen Grundlagen sind jetzt gegeben." - „Da haben Sie aber das Gesetzblatt nicht richtig gelesen." - „Und ob ich das richtig gelesen habe! § 10, Abs. 3, Ausreise aus sonstigen humanitären Gründen." - „Sonstige humanitäre Gründe liegen bei Ihnen nicht vor."

Nun standen wir genau da, wo wir vor sechs Monaten aufgehört hatten, als genau diese Männer mir sagten, dass es ein neues Gesetz gäbe und ich bald mit Andreas zum Notar gehen sollte, damit der Antrag schnellstens und reibungslos bearbeitet werden könne.
Ich hatte mehrere Fragen:
„Wie kann ein Staat eine Person zur Armee einziehen, wenn derjenige in diesem Land nicht mehr leben will und einen Ausreiseantrag gestellt hat?
Wollen Sie mich dafür bestrafen, dass ich immer ein guter Staatsbürger war? Dürfen nur die Unbequemen ausreisen und die Schafsköpfe, die treu und brav ihre Arbeit machen, müssen bleiben?
Warum musste Matthias die Schule verlassen, wenn er doch nicht ausreisen darf? In der BRD hat er die Chance, seine Ausbildung fortzusetzen."
Die Herren teilten mir mit, dass sie nichts gegen mich hätten und deshalb keinen Grund sähen, mich ausreisen zu lassen. Schließlich könne man mir nichts vorwerfen.
„Also muss ich erst kriminell werden, um meinen Mann wiederzusehen?"
Achselzucken auf der anderen Seite des Schreibtisches.
„Ich würde mir wünschen, dass Sie beide jetzt mit mir nach Bismark fahren und meinem jüngsten Sohn und meiner Mutter erklären, warum es nicht möglich sein soll, diesen Staat zu verlassen, um als Familie wieder zusammenleben zu können!"
Ich wurde darauf aufmerksam gemacht, dass gegen den Bescheid Beschwerde eingelegt werden könne und zwar beim Vorsitzenden persönlich. Da fing ich an zu lachen. Was sich hier so abspielte hatte schon eine gewisse Komik.
Vor dieser Besprechung hatte ich gedacht, dass es nur besser werden könnte, aber die Herren dort trauten mir wohl

zu, noch mehr Schikanen auszuhalten. Und da wollte ich sie mal nicht enttäuschen! Wir gingen erhobenen Hauptes um die Ecke zum Auto. Dann flossen Tränen der Wut, aber nicht zu viele, denn zu Hause saß meine Mutter und die sollte nichts von meiner Verzweiflung merken. Sie machte sich schon genug Sorgen. Außerdem würde sie heute nach Halberstadt zurückfahren, und bis dahin konnte ich noch ein bisschen Komödie spielen.

Zu Hause angekommen erzählte ich munter, dass der Antrag abgelehnt worden war, sich aber sicher bald eine Lösung finden würde. Meine Mutter war nicht davon abzubringen, bei mir zu bleiben, um uns allen Beistand zu leisten. Da war es mit meiner Stärke vorbei. Die Tränen flossen und flossen. Auch ein, zwei Kognaks brachten mir keine Erleichterung, dafür aber die Möglichkeit fast drei Stunden zu schlafen. Danach sah ich aus wie ein Monster, weil vom vielen Weinen mein Gesicht total zugeschwollen war. So brauchte ich auch nicht viel zu sagen, als es klingelte und die Freunde mit ihren Fotoapparaten kamen. Geselliges Heulen und Unverständnis auf allen Seiten bestimmten den Abend, der recht trübe mit vielen Spekulationen über unsere Zukunft ablief.

Wolfgang hatte zwei Mal angerufen und war genauso durcheinander und verzweifelt wie wir. Hinzu kam die Vorstellung, dass sich irgendwo jemand amüsierte, weil man uns mal wieder hereingelegt hatte: „Gib ihnen sechs Monate Hoffnung und sie halten brav still."

Meinen Bruder konnte ich nicht benachrichtigen, weil er gerade in Ungarn Urlaub machte. Vor ein paar Tagen hatte ich Sorge gehabt, mich bei einem kurzfristigen Ausreisetermin nicht von ihm verabschieden zu können. Solche Probleme lösten die staatlichen Stellen auf ihre Weise!

Wir standen wieder ganz am Anfang. Welche Strategie sollten wir jetzt einschlagen?

Hptm. Haase

Rat des Kreises Gardelegen
Abt. Innere Angelegenheiten
- Genehmigungswesen -

Gardelegen, den 10.7.1989

BStU
000304

A k t e n v e r m e r k

zum Vorgang Krausbeck, wohnhaft in Bismark, Straße der Jugend 12

Am 10.7.1989, o8.30 Uhr, erfolgte mit Frau Ingeborg Krausbeck und ihrem Sohn Matthias Krausbeck in der Abt. Innere Angelegenheiten eine Aussprache durch den Genossen Hoppe als Abteilungsleiter und dem Genossen Brüssow als Leiter für Ordnungs- und Genehmigu ngsangelegenheiten.

Grund der Aussprache:

Ablehnung der Anträge auf ständige Ausreise nach der BRD vom 1.2.1989, nach Ablauf der Bearbeitung innerhalb der festgelegten Frist.

Inhalt und Verlauf der Aussprache:

Genosse Hoppe stellte die Frage, mit welcher Entscheidung sie rechnen. Darauf wntwortete Frau Krausbeck mit den Worten, sie rechnen mit der Genehmigung der Ausreise.
Danach gab der Genosse Hoppe den Wortlauf der Ablehnung bekannt mit der konkreten Begründung.
Beide wurden aufgefordert, die Begründung der Ablehnung schriftlich entgegenzunehmen, wofür sie den Empfang bestätigen sollten.
Beide lehnten es ab, für irgendetwas bei Inneres zu unterschreiben.
Danach wurde ihnen mitgeteilt, daß sie das Schreiben der Ablehnung mit Postzustellungsurkunde zugestellt bekommen. Damit waren beide einverstanden.

Im weiteren Gespräch wurde noch folgendes herausgearbeitet:

Nachdem der Genosse Hoppe die Rechtsmittelbelehrung durchführte, lächelte Frau Krausbeck und meinte, es wäre wohl ein Witz, wenn sie beim Abteilungsleiter Beschwerde führen soll, der den Antrag abgelehnt hat. Dazu wurden ihr weitere Erläuterungen gegeben.
Mit der Ablehnung waren beide nicht einverstanden und vertraten den Standpunkt, daß die Ablehnung nicht hätte 6 Monate dauern brauchen bzw. die Bearbeitung bis zur Ablehnung. Beide wollen vom Rcht der Beschwerde Gebrauch machen.
Sie vertrat erneut den Standpunkt, daß der Sohn nicht hätte von der EOS genommen werden dürfen. Was kann der Sohn dafür, daß der Vater in der BRD geblieben ist. In diesen Zusammenhang wurde ihr mitgeteilt bzw. die Frage gestellt, mit welcher Begründung der Sohn die EOS verlassen mußte. Angeblich soll man gesagt haben, wenn der Sohn einen Antrag auf ständige Ausreise gestellt hat, ist er für die EOS nicht mehr tragbar. Sie wurde befragt, ob es nicht doch andere Gründe gegeben haben kann, wir hätten diesbezüglich Hinweise erhalten. Es sollVerweigerungen gegeben haben schulische Forderungen nicht zu erfüllen bzw. sein Auftreten in der Schule usw. Sollten diese Gründe jedoch nicht vorhandensein, dann hätte man den Sohn sicherlich weiterhin an der EOS belassen können. Aber für die Entscheidung war nicht Inneres zuständig.

Sie führte weiterhin an, daß es doch wohl nicht richtig sein könnte, daß ihr Sohn noch zur NVA muß. Wenn er einen Antrag auf ständige Ausreise gestellt hat, kann er doch nicjt mehr tragbar sein für diesen Staat.

Weiterhin stellte sie die Frage, ob innerhalb der Bezirke und Kreis der DDR überall mit gleichem Maß gemessen wird bei der Entscheidung derartiger Anträge. Das wurde ihr bestätigt, da alle die gleiche Verordnung haben.
Sie vertrat dazu einen anderen Standpunkt und meinte, sie kennt konkret Fälle, da ist der Partner ebenfalls von einer Besuchsreise aus der BRD nicht zurückgekehrt, da hat es eine Genehmigung gegeben. Konkrete Beispiele nannte sie nicht. Sie erwähnte nur solche Städte wie Leipzig, Naumburg und Magdeburg.
Weiterhin meinte sie, daß sie in der Vergangenheit wohl zu bescheiden, still und ruhig gewesen sind. Bei einem anderen Verhalten wäre die Entscheidung vielleicht anders ausgefallen.

Sie legte noch dar, daß sie in der Vergangenheit immer ein guter Sttatsbürger gewesen ist der alle Pflichten erfüllt hat.

Für ihren jüngsten Sohn wäre die Situation sehr schwer, er wird nicht begreifen, warum er nicht zu seinem Vater darf.
Es wurden erneut Hinweise gegeben, daß der Ehemann diesen Zustand angerichtet hat und allein dafür verantwortlich zu machen ist, nicht wir als Staatsapparat. Er kann er in der BRD seinen Koffer packen und in die DDR zurückkehren.
Sie legte dar, daß er bereits 18 Monate in der BRD ist und nicht mehr zurückkommen kann. Hier würde ein Ermittlungsverfahren eingeleitet und er müßte mit einer Bestrafung rechnen. Auch dazu gab der Genosse Hoppe entsprechende Hinweise.

Abschließend vertraten beide nochmal den Standpunkt, daß sie mit der Entscheidung nicht einverstanden sind und Beschwerde einlegen werden.

Frau Krausbeck war in erster Linie der Gesprächspartner, der Sohn äußerte sich nur wenn er gefragt wurde.

Brüssow

Kopie aus der Stasiakte

Wir reichen Beschwerde ein

Dr. Inge Krausbeck Bismark, den 18.7.89

Beschwerde - Auszüge

Meine Familie und Freunde und Bekannte unterstützen uns so gut es geht. Es ist ihnen aber unmöglich, mir meinen Mann und meinen Kindern den Vater zu ersetzen. Auch nach 18 Monaten Trennung bestehen Liebe und Zuneigung zwischen den Ehegatten sowie zwischen Vater und Söhnen. Der Wunsch nach einem Wiederzusammenleben wird immer stärker. Kann man diese Verbindung staatlicherseits für immer trennen und unsere Gefühle unterbinden?

In meinem Beruf habe ich selbst erlebt, welche Fürsorge der Staat den Kindern und Jugendlichen des Landes zukommen lässt. Jahrelang habe ich selbst mit viel Freude Mütterberatungen durchgeführt und mehrere Kinderkrippen betreut. Um so unverständlicher ist es für mich, dass jetzt für meine eigenen Kinder so wenig Verständnis gezeigt wird, die sich in einer unerträglichen Situation befinden.Es kann doch unmöglich einen Vorteil für den Staat bedeuten, drei Staatsbürger hier festzuhalten, die aus rein familiären Gründen die DDR verlassen wollen und inzwischen völlig verbittert sind.

Gesetzliche Grundlagen sind jetzt in der Verordnung über Reisen von Bürgern der Deutschen Demokratischen Republik nach dem Ausland vom 30. November 1988 eindeutig vorhanden. Alle für uns zutreffenden Paragrafen sind Kann - Bestimmungen. Es liegt also in Ihrer Macht, unseren Ausreiseanträgen stattzugeben.

Es hat sich selbst in Bismark herumgesprochen, dass in vielen Städten ständig Bürger ausreisen und Familien zusammengeführt werden. Auf meine entsprechende Frage antworteten Sie mir, dass in diesen Fällen andere Umstände vorliegen. Ich glaube langsam, dass wir dafür bestraft werden, in einem kleinen Landkreis zu leben.Vielleicht wäre es aber möglich, uns über die erforderlichen Umstände zu informieren, damit wir entsprechende Voraussetzungen schaffen können.

Ich muss an dieser Stelle noch einmal sagen, dass wir natürlich zu der Aussprache am 10.7.89 voller Hoff-

nung und Vertrauen gekommen sind, was Sie sich sicher denken konnten. Das Gespräch mit der Frage zu beginnen, was wir denn wohl denken, wie die Entscheidung ausgefallen ist, habe ich als unnötige Schikane aufgefasst.
Mir ist die Entscheidung, die DDR zu verlassen, sehr schwer gefallen, denn das Land ist meine Heimat, hier bin ich aufgewachsen. Leider musste ich in den letzten Monaten viele Ideale fallen lassen.
Andererseits ist es einfach so, dass ich mich nicht zwischen zwei Staaten entscheiden will, sondern ich muss die Wahl treffen, ob ich hier allein leben will oder dort gemeinsam mit meinem Mann. Diese Entscheidung habe ich zugunsten meiner Familie getroffen und daran wird sich auch niemals etwas ändern. Sie haben die Möglichkeit, die Zeit der Trennung zu verlängern und uns alle damit zu quälen, aber wir werden niemals die Hoffnung aufgeben, wieder als Familie zusammenzuleben.
Gerade am 10.7.1989 wurde in der Zeitung eine Erklärung von der Tagung des Politischen Beratenden Ausschusses in Bukarest veröffentlicht. Dieses Dokument wurde von Willi Stoph für die DDR unterzeichnet. Neben vielen wichtigen Punkten zur Sicherung des Friedens in Europa und der ganzen Welt geht es darin auch um die Verwirklichung der Menschenrechte und Grundfreiheiten in jedem Land in ihrer Gesamtheit und die Einhaltung der Prinzipien der Schlussakte von Helsinki. Es wird weiterhin von Anstrengungen zur Erweiterung des Zusammenwirkens auf humanitärem Gebiet und der Unterstützung der Beziehungen zwischen den Menschen berichtet. Sicherlich könnten Sie mir genau erklären, dass diese Punkte nicht für uns zutreffen. Aber ist es nicht ein Menschenrecht, sich für seinen Ehepartner zu entscheiden, egal wo er sich befindet? Und welche Beziehungen können wichtiger sein als zwischen Vater und Söhnen?
Ich möchte auch verweisen auf Abschnitte unter III., in denen es um die Verwirklichung der Rechte und Grundfreiheiten des Menschen geht.
Zum Schluss möchte ich noch einmal bekräftigen, dass unsere Entscheidung zum Zeitpunkt des ersten Ausreiseantrages gefallen ist, sich in den letzten Monaten

jedoch noch weiter gefestigt hat. Wir haben uns für meinen Mann entschieden. Ich bitte Sie, besonders im Interesse der Kinder, sich in unsere Lage hineinzuversetzen, soweit das überhaupt möglich ist, und Ihre Entscheidung unter humanitären Gesichtspunkten noch einmal zu überdenken und die gesetzlichen Möglichkeiten in unserem Interesse auszuschöpfen und unseren Anträgen stattzugeben.

Inge Krausbeck

Mit Postzustellungsurkunde

Abschrift aus der Stasiakte

Frau
Ingeborg Krausbeck

Straße der Jugend 12

Bismark

3 5 9 0

BStU
000318

mit Postzustellungsurkunde

Ihre Beschwerde vom 18. 7. 1989, Eingang 20. 7. 1989

Werte Frau Dr. Krausbeck!

In Beantwortung Ihrer Beschwerde vom 18. 7. 1989 wird im Ergebnis der Prüfung folgendes mitgeteilt:

Die vom Leiter der Abteilung Innere Angelegenheiten des Rates des Kreises Gardelegen am 10. 7. 1989 getroffene Entscheidung und ihre rechtliche Begründung werden von mir aufrechterhalten.

Die von Ihnen angegebenen Gründe zur ständigen Ausreise entsprechen nicht den Bestimmungen im § 10 der Verordnung vom 20.11. 1988 über Reisen von Bürgern der Deutschen Demokratischen Republik nach dem Ausland. Außerdem liegen bei Ihnen gemäß § 14 Absatz 1, Buchstabe f der genannten Verordnung Versagungsgründe vor, da sich die Zielperson, zu der die ständige Ausreise erfolgen soll, entgegen den Rechtsvorschriften der DDR im Ausland aufhält.

Voraussetzungen für eine Genehmigung Ihres Antrages liegen daher nicht vor.

Gemäß § 19 der o. g. Verordnung haben Sie das Recht, innerhalb von 2 Wochen Antrag auf Nachprüfung dieser Entscheidung durch das Gericht zu stellen.

Hochachtungsvoll

Wehling

Kopie aus der Stasiakte

In den Nachrichten des Westfernsehens wurde immer wieder über Flüchtlinge in der Ständigen Vertretung der BRD in Ostberlin berichtet. Auch über die ungarische Grenze flüchteten immer mehr DDR-Bürger. Ich fragte mich, ob diese Menschen eine Chance hatten und ob ich den Mut hatte, diesen Schritt zu gehen?
„Die außenpolitische Isolierung der DDR verwandelte sich in ein innerpolitisches Problem, als Ungarn am 2. Mai 1989 mit dem Abbau des Eisernen Vorhangs zu Österreich begann." (Chronik des Mauerfalls, S. 60)
Mai 1989
Ungarn beginnt mit dem Abbau des Stacheldrahtzaunes und anderer Sicherheitsanlagen an der Grenze zu Österreich.
Juni 1989
Über 30 DDR-Bürger halten sich in der ständigen Vertretung der BRD in Ostberlin auf.
Juli 1989
Immer mehr Menschen flüchten über die ungarische Grenze. Zwischen dem 1. Januar und dem 31. Juli 1989 haben 55.970 DDR – Bürger das Land verlassen, 46.634 von ihnen mit Genehmigung.
August 1989
Flüchtlinge in den Botschaften Prag, Budapest und Warschau. Hunderte DDR-Bürger haben ihren Urlaub genutzt, um in den Westen zu fliehen. „Am 19. August 1989 kam es zur größten Massenflucht von DDR-Bürgern seit dem Mauerbau. Über 600 DDR-Bürger ließen an diesem Tag ihr Hab und Gut in Ungarn zurück und stürmten durch ein nur angelehntes Grenztor nach Österreich." (Chronik des Mauerfalls, S. 66/67)
5 000 Flüchtlinge gelangen von Ungarn in den Westen.
11.9.1989 Die ungarische Grenze wird geöffnet.

Nur Angelegenheit der DDR

Berlin. Wie westliche Medien, Politiker und Dienststellen der BRD verbreiten, besuchen einige DDR – Bürger Botschaften der BRD im Ausland beziehungsweise die Ständige Vertretung der BRD in der DDR, um dort persönliche Anliegen vorzubringen. Nach dem Völkerrecht haben Vertretungen der BRD keinerlei Rechte und Obhutspflichten gegenüber Bürgern der DDR. **Für ihre Angelegenheiten ist einzig und allein die DDR zuständig, vor deren Gesetzen alle Bürger gleich sind.** Außergesetzliche Behandlung einzelner durch den Besuch in Botschaften anderer Länder ist nicht erreichbar.
(Pressemitteilung 7.8.1989)

Erreichtes nicht leichtfertig aufs Spiel setzen

Erklärung des Sprechers des Außenministeriums der DDR

Berlin (ADN). Seit einigen Tagen führen bundesdeutsche Medien eine lautstarke Kampagne um einige DDR – Bürger, denen in der BRD – Botschaft in Budapest widerrechtlich Aufenthalt gewährt wird und die auf illegalen Wegen in die BRD gelangen wollen. Wie am Montag der stellvertretende Sprecher des Außenministeriums der DDR, Dr. Denis Ruh, in Berlin erklärte, stellt ein solches Verhalten von ausländischen Vertretungen der BRD eine grobe Einmischung in souveräne Angelegenheiten der DDR dar.

Wie Meldungen vom Wochenende besagen, hat sich jetzt auch das Bonner Außenministerium in diese Kampagne eingeschaltet. Dort sollte man wissen, dass nach dem Völkerrecht die Botschaften der BRD keinerlei Rechte haben, für DDR – Bürger, zum Beispiel in Reise- und Visa- Angelegenheiten, tätig zu werden. Die Wahrnehmung sogenannter Obhutspflichten gegenüber Bürgern anderer Staaten durch die BRD ist eine typische großdeutsche Anmaßung, die aufs schärfste zurückgewiesen werden muss, betonte der Sprecher. Mit Nachdruck wird darauf aufmerksam gemacht, dass sowohl regierungsamtliche Bonner Einmischung in souveräne Rechte der DDR als auch Kampagnen, die bis zur versuchten Erpressung anderer Staaten ausarten, zu folgenreichen Konsequenzen führen können. In diesem Zusammenhang sei daran erinnert, dass die DDR alle diesbezüglichen Fragen, zuletzt in der Verordnung über Reisen von Bürgern der DDR nach dem Ausland vom 30. November 1988, gesetzlich fixiert hat. Wie großzügig diese Verordnung gehandhabt wird, belegen die auch in Bonn bekannten Zahlen über den Auslandsreiseverkehr. So reisten in der Zeit vom 1. Januar bis 31. Juli 1989 3,5 Millionen DDR – Bürger in das nichtsozialistische Ausland, darunter 3,288 Millionen nach der BRD und Berlin(West). Unbekannt ist in Bonn auch nicht, wie human die DDR entsprechend ihren Gesetzen Familienzusammenführungen regelt. Die Bonner Behörden sollten sich nicht um Angelegenheiten kümmern, die sie nichts angehen. Es sei denn, man wolle alles in Gefahr bringen, was sich auf diesem Gebiet an Positivem entwickelt hat, erklärte Denis Ruh. Die von der BRD derzeit betriebenen Aktivitäten können nur zu einer Belastung der Beziehungen zwischen beiden deutschen Staaten führen, heißt es weiter in der Sprechererklärung. Auch werde die DDR nicht zulassen, dass ihre traditionell engen und guten Beziehungen zur Ungarischen Volksrepublik durch derartige Machenschaften belastet werden.

Abschließend betonte der Sprecher des Außenministeriums, man erwarte in der DDR, dass sich Bonn Zurückhaltung auferlegt. Man sollte in der Bundeshauptstadt wissen, was man tut, und nicht bereits Erreichtes leichtfertig aufs Spiel setzen.

Normaler Reiseverkehr
Berlin. Der Leiter des ungarischen Reisebüros in der DDR hat gegenüber Journalisten verleumderische Behauptungen westlicher Medien und Politiker über Einschränkungen im Touristenverkehr zwischen der DDR und der Ungarischen Volksrepublik zurückgewiesen. Der Reiseverkehr zwischen beiden Ländern verlaufe normal. Man rechne in diesem Jahr mit 1,8 Millionen Reisenden der DDR nach Ungarn.

Wir kämpfen weiter

Um überhaupt etwas zu tun und auf uns aufmerksam zu machen, schrieb ich Briefe an den Staatsratsvorsitzenden Erich Honecker und Rechtsanwalt Vogel mit der Bitte, mich und meine Kinder bei unserem Ausreisevorhaben zu unterstützen. Ich verfasste eine Beschwerde gegen die dritte Ablehnung unseres Antrages und eine Eingabe gegen den Ausschluss von Matthias aus der Schule. Beides schickte ich an die Abteilung Innere Angelegenheiten. Außerdem vereinbarte ich einen Termin mit dem Kreisschulrat in Stendal.

Während der Fahrt nach Stendal hörte ich eigenartige Geräusche, als ob die Zweige eines Astes gegen das Auto schlugen. Ich stieg aus dem Wagen, konnte aber von außen nichts Auffälliges erkennen. Als ich die Motorhaube geöffnet hatte, sah ich, dass der Keilriemen angerissen war. Sofort fielen mir die Geschichten von Reparaturen mit Strumpfhosen ein. In diesem Fall hatte ich Glück. Eine Strumpfhose hatte ich nicht dabei, aber die nächste Autowerkstatt war ganz in der Nähe. Nachdem ich dort fast eine Stunde

Rückverbindung/Hartnäckige Antragstellerin auf ständige Ausreise

STRENG GEHEIM

Information A/028899/24/08/89/21.52 Uhr/MGB

Einer inoffiziellen Quelle wurde eine Kontaktaufnahme des ehemaligen DDR-Bürgers

KRAUSBECK
wh. BRD

zu seiner Frau, der DDR-Bürgerin

KRAUSBECK, Ingeborg ("Inge") Dr.
3592 Bismark, Str. d. Jugend 12
Tel. 9328/560

bekannt.

Im Zusammenhang mit ihren Übersiedlungsbestrebungen hatte sie am 24. August erneut eine Aussprache, und auf seine Frage hin erklärte sie ihm, daß man ihr wieder die gleiche Begründung wie beim letzten Mal abgegeben hat. Als er wissen wollte, was nun werden soll, entgegnete sie, daß dies bedeutet, abzuwarten und einen "schlechten Charakter zu kriegen". Ob sie gleich am 29. August nach Berlin fährt weiß sie nicht. Auch ist es ihr "über", sich nochmals an die Rechtsanwältin zu wenden, zumal dies ihrer Meinung nach auch zu nichts führt.

Nach ihren Angaben hat sie in dieser Aussprache "klipp und klar" zum Ausdruck gebracht, daß es für sie keine andere "Alternative" gibt. Für sie ist es ein "Fakt", daß man sie für "dummverkaufen" will.
Ferner äußerte sie, daß eben nur "schlechte" leute rüberkommen, die irgendetwas "ausgefressen haben. "Leider" ist sie noch "zu gut". Ihr wurde auch gesagt, daß sie sich im Interesse ihrer Gesundheit darauf einstellen sollte, in der DDR zu bleiben und es keinen anderen Weg gibt. Die K. glaubt aber, daß diese Frage sicherlich woanders entschieden wird, sie selbst ist für "beide Seiten" zu unwichtig, womit sie sich abfinden muß.

Um ihr Mut zu machen, erwähnte er, daß andere auch "rausgekommen" sind. Dies macht sie auch zuversichtlich und glaubt, damit fertig zu werden. Sie schätzt ein, daß sie "wahrscheinlich" erst eine Straftat begehen muß. Damit will sie zunächst aber noch warten.

Als er sie erinnert, "irgendwelche Öffentliche Gebäude" aufzusuchen, entgegnete sie, daß diese "leider" abgesperrt sind. Ihrer Kenntnis nach ist manch einer schneller "rausgekommen" als er dachte, "trotz allem".

Bemerkung: Quellenschutz ist erforderlich
-MGB-G/KD/BRD-DDR/A 028899/89
-MAN
-4.3.

Kopie aus der Stasiakte

gewartet hatte, erbarmte sich ein Meister und besah sich den Schaden. Und tatsächlich war meine Einschätzung richtig, der Keilriemen war fast durchgerissen. In dieser Werkstatt wurden jedoch nur Wartburg und Moskwich repariert und so musste ich die nächste Trabantwerkstatt aufsuchen. Bis zu meinem Termin beim Kreisschulrat waren es noch 1 ½ Stunden. Ich stieg wieder in mein Auto, wo am Armaturenbrett ein rotes Lämpchen bedrohlich leuchtete. Auch roch es etwas merkwürdig im Wageninneren. In der Trabbiwerkstatt angekommen, kümmerte sich sofort ein junger Mann um das Auto und fragte: „Sind Sie eigentlich gut versichert?“ - „Wieso?“ - „Die Bremsleitung ist durchgeschmort und der Keilriemen ist hin. Ein paar Meter weiter und sie wären abgebrannt!“
Mir wurde flau im Magen und ich hatte Brechreiz. Außerdem lief die Zeit unerbittlich weiter. Zehn Minuten vor 16.00 Uhr kam ich beim Kreisschulrat an, der ziemlich nervös wirkte. Als Einstieg in das Gespräch teilte er mir mit, dass eine Wiederaufnahme von Matthias in die Schule auf keinen Fall in Frage käme. Nachdem wir einige Zeit diskutiert hatten, bat ich darum, mir diese Entscheidung schriftlich zu geben. „Sie werden niemals etwas Schriftliches von mir bekommen!“ Wie ich eigentlich erwartet hatte, brachte die Unterredung mit dem Kreisschulrat nichts. Wenigstens war mein Auto wieder in Ordnung und die Reparatur nicht teuer gewesen.

Zu Hause angekommen setzte ich mich sofort hin und schrieb an die Abteilung Inneres. Wieder ein Blatt für die Akte. Meine Enttäuschung war nicht sehr groß, weil ich gar nicht mit einem positiven Ergebnis gerechnet hatte.
Nach dieser Aktion stellte ich einen Antrag auf Unterhaltszahlung für Andreas. Schließlich hatte der Staat unser Konto gesperrt.

Mit all diesen Anfragen erhärtete ich meinen Ruf als „hartnäckige Antragstellerin", wie es auch von mir geplant war.

Während dieser Zeit führte Wolfgang einen regen Briefwechsel mit Frau Brigitte Klump und Persönlichkeiten des öffentlichen Lebens und der Politik. Nachdem Ungarn die Grenzen nach Österreich geöffnet hatte, beschloss er, seinen Urlaub in Ungarn zu verbringen, um dort nach einem Schlupfloch für uns zu suchen. In andere, noch unbekannte Länder mochte er ohne uns sowieso nicht reisen. Erst später wollten wir gemeinsam Länder wie Belgien, Frankreich, Italien erkunden, die uns als DDR-Bürgern verschlossen waren. Wolfgang fuhr mit dem Auto durch das ungarische Komaron in Richtung der tschechischen Grenze. Im Verkehrsfluss befand er sich plötzlich auf einer Brücke und bemerkte, dass er schon fast das Territorium der CSSR erreicht hatte. Schnell nutzte er die letzte Möglichkeit zum Wenden vor dem Grenzkontrollpunkt. Zu diesem Zeitpunkt lieferten die Behörden der CSSR Flüchtlinge noch an die DDR aus. Nachdem er sich von dem Schreck erholt hatte, versuchte er, am Fluss zu erkunden, ob dort eine Fluchtmöglichkeit für uns bestand. Als er jedoch die starke Strömung sah, musste er erkennen, dass dieser Weg für seine Familie nicht in Betracht kam. Es musste eine andere Möglichkeit geben!

Am 30. August feierten wir Wolfgangs Geburtstag.
Vor zwei Tagen hatten wir uns am Telefon gestritten. Sein ewiger Optimismus und seine Besserwisserei gingen mir auf die Nerven. Mit Dorle hatte ich ein längeres Gespräch. Insgesamt war ich sehr deprimiert. Die Nerven lagen blank. In kleiner Runde saßen wir zusammen. Stimmung wollte nicht so richtig aufkommen, zumal ich ja nicht einmal bei dem Geburtstagskind anrufen konnte. Dorle war mit einer

Flasche Wein gekommen, weil ich ihr am Nachmittag so leid getan hatte. Endlich, um 23.00 Uhr, kam der erhoffte Anruf und die Stimmung löste sich sofort. Zum Glück hatte Wolfgang Besuch aus Schwerte und musste an seinem Ehrentag nicht allein in der Wohnung sitzen.
Inzwischen hatte ich einen Anwalt aufgesucht, um die gerichtliche Nachprüfung der Entscheidungen der Abteilung Innere Angelegenheiten zu beantragen. Der Anwalt wirkte sachverständig und sympathisch und machte uns Mut, sodass bei uns wieder ein Funken Hoffnung erwachte. In meiner Stasiakte würde ich den Rechtsanwalt als IM wiederfinden, der einige harmlose Berichte an die Staatssicherheit übergeben hatte.

Nach einem langen Telefonat mit meiner Schulfreundin Ellen fuhr ich am 16. September kurz entschlossen nach Berlin. Ellen hatte schon immer die Gabe, andere mit ihrer lebhaften, fröhlichen Art aufzumuntern. Das kam mir jetzt zugute. Wir erzählten viel über vergangene Zeiten und natürlich sprachen wir auch über meine jetzige Situation. Am Abend fuhren wir in die Stadt und sahen uns den Film „Dirty Dancing“ an. Obwohl angeblich ausverkauft war, standen Massen vor dem Kino und wir reihten uns ein. Tatsächlich bekamen wir noch Karten. Es war ein Film zum Ablenken, flotte Musik und tolle Tänze.
Am nächsten Tag machte Ellens Mann eine Stadtrundfahrt mit mir. Wir fuhren durch viele Straßen und sahen uns alte und neue Gebäude an. Die Hedwigskathedrale beindruckte mich besonders. Als wir gerade eintraten, fielen ein paar Sonnenstrahlen durch die bunte Glaskuppel und verzauberten das ganze Gebäude. Es war für mich ein kurzer Moment zum Innehalten und Genießen.
Auf dem Rückweg fuhren wir auch an der Botschaft der BRD vorbei. Hier hatten schon einige Ausreisewillige ihr

Glück versucht. Im Augenblick war klar zu erkennen – keine Chance. Die Reise nach Berlin hatte mir auf jeden Fall sehr gut getan.

Über zwei Wochen waren vergangen, seit wir den Antrag auf gerichtliche Nachprüfung eingereicht hatten. Unser Rechtsanwalt hatte die Klage in unserem Sinne abgefasst, die Hoffnung war verhalten, aber vorhanden.
Margitta und Uli feierten ihre Silberne Hochzeit mit Freunden und Arbeitskollegen. Es wurde viel gelacht und getanzt. Auch ich war fröhlich und ausgelassen bis eine Mitarbeiterin aus dem Ambulatorium zu mir sagte: „Ach, Frau Doktor, Sie tun mir ja so leid!“ Da brachen alle Dämme und ich weinte, weinte, weinte.

Am 27. September schien die Sonne und ich brauchte erst um 11.00 Uhr zum Dienst zu erscheinen, weil die anderen Mitarbeiter mit einigen Heimbewohnern einen Ausflug nach Salzwedel machen wollten. Als das Telefon klingelte, nahm ich ahnungslos den Hörer ab. Die Sekretärin unseres Rechtsanwaltes teilte mir mit, dass unser Antrag auch vom Gericht als unbegründet abgewiesen worden war. Es würde keine Verhandlung stattfinden. Das war wie ein Schlag ins Gesicht, das Ende all unserer Hoffnungen! Ich befand mich in einem Wechselbad der Gefühle. Zunächst musste ich furchtbar lachen, weil ich so ein dummes Kamel gewesen war, das selbst nach 1 ½ Jahren Wartezeit und nach drei abgelehnten Ausreiseanträgen noch an die Menschlichkeit der staatlichen Organe in der DDR geglaubt hatte. Dann wurde mir mit einem Schlag bewusst, was das für uns bedeutete. Erst sechs Monate nach der Ablehnung konnten wir einen neuen Antrag auf Ausreise stellen, für den die Behörden wiederum sechs Monate Bearbeitungszeit haben würden, um uns dann mitzuteilen, dass unsere Ausreise

Ausfertigung

Kreisgericht Gardelegen 25. 9. 1989

D 1/89

B e s c h l u ß

In dem Nachprüfungsverfahren

auf Antrag der Schwester Dr. Ingeborg Krausbeck,
PKZ.: 020650 5 1013 6,
wh. Str. der Jugend 12, Bismark, 3592,

Prozeßbevollmächtigter: Rechtsanwalt Müller,
Bahnhofstr. 57, Gardelegen, 3!

wegen ständiger Ausreise

hat die Kammer für Verwaltungsrecht beschlossen:

1. Der Antrag wird als offensichtlich unbegründet abgewiesen.

2. Die Kosten des Verfahrens trägt die Antragstellerin.

Begründung:

Die Antragstellerin hat am 1. 2. 1989 beim Rat des Kreises Gardelegen die ständige Ausreise aus der Deutschen Demokratischen Republik in die Bundesrepublik Deutschland beantragt. Dazu hat sie insbesondere vorgetragen, daß sie das Ziel verfolge, wieder mit ihrem Ehemann, der sich seit Februar 1988 rechtswidrig in der Bundesrepublik Deutschland aufhält, in familiärer Gemeinschaft zusammen zu leben.

Der Antrag wurde durch Entscheidung des Leiters der Abteilung Innere Angelegenheiten beim Rat des Kreises Gardelegen vom 10. 7. 1989 abgelehnt, wobei diese auf einen vorliegenden Versagungsgrund gem. § 14 Abs. 1 f RVO (Verordnung über Reisen von Bürgern der Deutschen Demokratischen Republik nach dem Ausland vom 30. 11. 1988, Gesetzbl. Teil I Nr. 25, Seite 271) gestützt wurde.

Hiergegen wurde gem. § 18 RVO das Rechtsmittel der Beschwerde eingelegt, über das der Vorsitzende des Rates des Kreises am 18. 8. 1988 wiederum ablehnend entschieden hat.
Das entsprechende Schreiben wurde der Antragstellerin am 24. 8.1989 ausgehändigt.

Im vorliegenden Verfahren hat die Antragstellerin fristgemäß und in zulässiger Form gem. § 19 RVO i.V. mit dem Gesetz über die Zuständigkeit und das Verfahren der Gerichte zur Nachprüfung von Verwaltungsentscheidungen vom 14. 12. 1988 (Gesetzblatt Teil I Nr. 28 Seite 327) - GNV - die gerichtliche Nachprüfung der getroffenen Entscheidungen beantragt.

- 2 -

Der Antrag ist jedoch offensichtlich unbegründet und war daher gem. § 8 Abs. 1 Satz 2 GNV ohne mündliche Verhandlung abzuweisen.

In §§ 13, 14 RVO sind Versagungsgründe zu Reiseanträgen genannt. Das Verwaltungsorgan hat mit seiner Ablehnung eine gesetzlich zulässige Entscheidung getroffen, da die ständige Ausreise zu einem Bürger der DDR erfolgen soll, der sich entgegen den Rechtsvorschriften der DDR im Ausland aufhält.

Die Argumentation im Überprüfungsantrag, welche auf das Vorliegen humanitärer Gründe gem. § 10 Abs. 3 RVO gestützt wird, ist insoweit unbeachtlich, da die Ablehnung nicht wegen Nichtvorliegens der Voraussetzungen gem. § 10 Abs. 3 RVO, sondern wegen des bereits genannten Versagungsgrundes erfolgte. Allerdings findet eine Überprüfung der staatlichen Entscheidungspraxis gem. § 10 Abs. 3 RVO im Grundsatz ohnehin nicht statt.
Die Gesetzlichkeit des Verfahrens und der Entscheidung ist deshalb gegeben, so daß, wie geschehen, mit der Kostenfolge aus § 11 GNV i.V. mit § 174 Abs. 1 ZPO zu entscheiden war.

gez. Dr. Richter
Vorsitzender

Rechtsmittelbelehrung:

Gegen diese Entscheidung ist kein Rechtsmittel gegeben.

Ausgefertigt:
Gardelegen, den 26.9.1989
[Unterschrift]
Sekretär

Kopie aus der Stasiakte

nicht genehmigt würde. Mich schüttelten Weinkrämpfe, ich war so verzweifelt, dass ich glaubte, zusammenbrechen zu müssen. Als ob das alles nicht schon schlimm genug war, musste ich plötzlich wieder lachen und konnte einfach nicht aufhören, denn für das Spektakel bei Gericht sollte ich 200,00 Mark bezahlen. Ich lief durch die Wohnung, einmal weinend, einmal lachend, bis mir klar wurde, dass ich dabei war, durchzudrehen. Das musste ein Ende haben!

Im Bad wusch ich mein Gesicht mit eiskaltem Wasser ab, wieder und wieder. Dann schluckte ich eine Tablette, die beruhigte, aber nicht müde machte. So war ich in der Lage, zum Spätdienst zu fahren. Im Feierabendheim wuselten alle herum und freuten sich auf den Ausflug. Nur Frau Sch. in der Küche bemerkte, dass mit mir etwas nicht stimmte. Die Stunden zogen sich hin. Beim Abwaschen konnte ich die Tränen nicht länger unterdrücken und ich erzählte Frau R., was passiert war.

In meinem Kopf zeichnete sich erstmals eine Idee ab – Prag. Könnte das unsere letzte Chance sein? Seit Wochen liefen im Westfernsehen Berichte über DDR-Bürger, die sich in der Prager Botschaft verschanzt hatten, um ihre Ausreise zu erzwingen. Inzwischen sollen es schon weit über tausend sein, die wie in einem Zeltlager im Garten der Botschaft campierten. Auch das Botschaftsgebäude war voll mit Flüchtlingen belegt. Immer wieder zeigte man, wie die Menschen von einer großen Kabelrolle über den Zaun in den Garten der Botschaft kletterten. Entsetzt sah ich in einer Nachrichtensendung, dass tschechische Soldaten oder Polizisten Flüchtlinge vom Zaun wegrissen, um sie an der Flucht zu hindern. Ganz sicher war, dass wir auf keinen Fall in der DDR bleiben würden! Die Kinder traf ich nur kurz und warf ihnen den Brocken vor: „Was haltet ihr von Prag?"

Mit Peter fuhr ich nach Stendal zu einer Familie, die vor längerer Zeit einen Ausreiseantrag gestellt hatte und sich mit den Bestimmungen und Möglichkeiten auskannte. Auf der Fahrt dorthin erwähnte ich Peter gegenüber meine Absicht. „Hätte es Sinn, Dir das auszureden?“ - „Nein.“ - „Das dachte ich mir.“

Das Gespräch mit der Familie verlief freundschaftlich und solidarisch. Bei ihnen war der Fall nicht so dringlich, weil sie wenigstens alle zusammen waren. Nachdem wir alle Möglichkeiten durchgesprochen hatten, blieb nur eine Alternative, wenn unsere Familie wirklich wegwollte – Prag! Wir sahen einfach keinen anderen Weg.

Ich war erleichtert, denn für mich war die Entscheidung gefallen. Bevor ich abends noch ein letztes Mal zu Peter und seiner Frau ging, sprach ich mit Matthias und Andreas. Wir saßen bedrückt und unsicher im Wohnzimmer. Matthias reagierte zurückhaltend und schlug vor, dass ich mit Andreas vorfahren sollte und er zu Hause erst alles regelte. Diese Möglichkeit kam für mich nicht in Betracht – entweder alle oder keiner. Andreas war sofort Feuer und Flamme. Uns allen war klar, wenn wir als komplette Familie wieder zusammen leben wollten, blieb uns keine andere Wahl. Die Entscheidung fiel einstimmig.

Ich packte meine Papiere und den Rest unserer Fotos in einen Karton, den ich mit zu Familie Schulz nahm. In leicht gedrückter, aber auch hoffnungsvoller Stimmung, besprachen wir einige Dinge und tranken einen Whisky zum Abschied. Wahrscheinlich würden wir uns ein paar Jahre nicht wieder sehen. Sie boten mir an, ein paar Koffer mit den gepackten Sachen bei ihnen unterzustellen, aber das lehnte ich ab. Ich wollte unser Vorhaben nicht gefährden, indem ich im letzten Moment noch bei jemandem Verdacht erweckte. Das Risiko war zu groß. Auch die anderen Freunde informierte ich nicht, um sie nicht unnötig in Gefahr zu bringen.

Vollkommen ausgelaugt und kaputt schlief ich tief und traumlos. Gleich nach dem Erwachen jedoch schwirrte mir wieder der Kopf. Ist unsere Entscheidung richtig oder gibt es noch eine andere Möglichkeit? Ein Wechselbad der Gefühle. Gegen 7.00 Uhr rief Wolfgang an: „Wollt Ihr nicht mal ein paar Tage verreisen?"
Für mich war das die Bestätigung, dass wir auf dem richtigen Weg waren. Fragen konnte ich ja nicht. Andreas war begeistert, Matthias unschlüssig.
Um 8.00 Uhr der nächste Anruf von Wolfgang:
„Verhaltet Euch ganz ruhig und trefft keine voreiligen Entscheidungen. Ich habe Nachricht, dass sich bald etwas tut."
Gerade noch war alles klar, jetzt war ich wieder unsicher. Ich fing an zu weinen. Matthias übernahm den Hörer und fragte, was los sei. Wolfgang reagierte auf meinen Ausbruch mit den Worten: „Macht, was Ihr in Eurer Situation für richtig haltet."
Andreas entschied: „Wir fahren. So oft hat Papa schon gesagt, das bald Veränderungen eintreten würden und es ist nichts passiert. Wir fahren."
Matthias war immer noch unschlüssig. Bei mir überschlugen sich die Gedanken, ich dachte an meine Familie, insbesondere an meinen Bruder, an alle Freunde, unsere Tiere, die wir zurücklassen würden. Und dann die endgültige Entscheidung – wir machen einen Tagesausflug in die CSSR!

Nun gab es viel zu tun. Wir bereiteten alles für einen Ausflug vor. Bald stand der Picknickkorb bereit, dazu Waschzeug und ein Set Unterwäsche sowie ein warmer Pullover für jeden. Vier Bücher packte ich noch ein, um die Wartezeit zu überbrücken.

Matthias war mit dem Auto weggefahren. Da Uli und Margitta am Wochenende ihre Silberne Hochzeit ein zweites Mal, diesmal mit ihrer Familie, feiern wollten, hatte ich angeboten, zwei Tortenböden zu backen und Unterkunft für zwei Gäste bereit zu stellen. Zuerst bezog ich die Betten frisch, räumte das Wohnzimmer auf, durch das die Gäste gehen mussten, dann das Bad. Anschließend belegte ich die Tortenböden und bat Matthias, den Kuchen zu unseren Freunden zu bringen, da es mir unmöglich war, das selbst zu tun, ohne ihnen etwas von der geplanten Abreise zu erzählen. Nun noch Küche und Diele aufräumen, für Keller und Kinderzimmer blieb keine Zeit mehr. Meine Gedanken konzentrierte ich voll auf den „Tagesausflug“, sonst wäre ich verrückt geworden.

Wir gingen alles noch einmal in Ruhe durch. Ich hatte freies Wochenende, würde also frühestens am Montag vermisst werden. Bei Matthias war es genau so, und Andreas hatte ich schon krank gemeldet. Er hustete nämlich stark.
22.00 Uhr erschien uns als die beste Abfahrtszeit. Matthias stellte das Auto schräg vor die Garage, damit Andreas unauffällig einsteigen konnte. Die paar Sachen waren schnell eingepackt. Zuletzt noch ein Brief an Uli und Margitta mit dem Wohnungsschlüssel und der Nachricht, dass meine Schwiegermutter krank sei und wir kurzfristig nach Hermsdorf fahren müssten, sowie der Bitte, sich um Bronco und um unseren Kater Max zu kümmern.
Andreas versteckte sich auf dem Rücksitz und die beiden fuhren los. Mit meiner Umhängetasche über dem Arm ging ich in die Stadt, als ob ich noch jemanden besuchen wollte, steckte den Brief in den Kasten und hoffte, niemanden zu treffen. An meine Mutter hatte ich ebenfalls einen Brief geschrieben, der den üblichen Wochenbericht über die Familie enthielt. So war sie für ca. zwei Wochen beruhigt,

denn ich wusste ja nicht, wann ich ihr wieder eine Nachricht zukommen lassen konnte. Max lief ein paar Schritte neben mir her. Ich klammerte mich an einen einzigen Gedanken: Tagesausflug, Tagesausflug.
Am Ortsausgang stieg ich in den Trabbi ein und die Reise ins Ungewisse begann. Eine seltsame Ruhe hatte mich erfasst. Erstaunlicherweise konnte ich alle Zweifel, Überlegungen und Ängste abblocken. Die Entscheidung war endgültig gefallen.
Als wir an Magdeburg vorbei fuhren, musste ich alle Kräfte mobilisieren, um nicht Lutz und Marlen kurz zu besuchen und mich zu verabschieden. Die angewandte Taktik funktioniert weiter – Tagesausflug.
Ob uns schon jemand hinterher spionierte?
In einer kleinen Stadt vor Zerbst tauchte plötzlich eine Polizeikontrolle auf. Die Gedanken überschlugen sich. Haben wir etwas Verdächtiges dabei? Sollte unsere Flucht schon hier zu Ende sein?
Matthias saß am Steuer und führte ganz gelassen alles vor. Alle Lampen funktionierten. Die Polizisten monierten den Schmutzfänger, wir sollten ihn bald erneuern. Wir durften weiterfahren und mein Herzschlag normalisierte sich wieder. Inzwischen war ich froh, dass Matthias die Weiterfahrt übernommen hatte, weil ich mich einfach nicht mehr richtig konzentrieren konnte.
In Plauen frühstückten wir auf einem Parkplatz. Wir waren äußerlich ruhig und gelassen. Kurz vor der Grenze ein letzter Stop – Toilette und Frischmachen.
Nun ging es fast eine Stunde Stop and Go bis zur Grenze. Rechts von uns liefen Kühe zum anderen Ende der Koppel, wo ein Mann gerade Wasser ließ und nun von den Kühen beäugt wurde. In allen Autos brach Gelächter aus. Ob von den anderen auch jemand nach Prag zur Botschaft fahren will?

Am Grenzübergang ging es ganz schnell, Ausweiskontrolle, keine Fragen. Wir waren in der CSSR.

Prag im September 1989

Ohne Komplikationen erreichten wir Prag. Bilder an vergangene Urlaubstage tauchten auf, hatten jedoch keine Chance, freudige Erinnerungen wach zu rufen, zu angespannt war die Situation.
Mit unserem Auto irrten wir durch ein Gewirr von Straßen und hatten keine Ahnung, wo wir uns befanden und in welcher Richtung die Botschaft lag. Wir trauten uns nicht, jemanden nach dem Weg zu fragen, denn es war uns bewusst, dass wir etwas Außergewöhnliches, Verbotenes vorhatten. Der Weg bis hierher war steinig gewesen und so kurz vor dem Ziel wollten wir nicht die falschen Leute ansprechen und dadurch scheitern. Inzwischen vermuteten wir überall Spitzel. In den Straßen sahen wir viele Wartburg und Trabant und fragten uns, ob einige ihrer Insassen auch die Botschaft aufsuchen wollten. Inzwischen sollten sich bereits über 3000 Menschen dort aufhalten und auf ihre Ausreise warten.
Das Wetter meinte es gut mit uns. Die Sonne strahlte vom blauen Himmel, als ob sie uns Mut machen wollte. Unser Auto stellten wir an der Moldau ab und machten uns zu Fuß auf die Suche. Selbst der wunderschöne Wenzelplatz brachte uns keine Ablenkung. Seit ca. zwanzig Stunden waren wir unterwegs. Mir taten alle Knochen weh und der Hals war wie ausgetrocknet. Den Kindern musste es genau so ergehen, trotzdem lehnten sie eine Eis- oder Getränkepause ab. Wir befanden uns zwischen zwei Welten, hatten die eine bereits verlassen, aber den Eingang in die neue Welt noch nicht gefunden.

Ein Zurück gab es jetzt nicht mehr. Das war undenkbar! Schließlich überwanden wir unsere Angst und fragten zwei Tschechen nach dem Weg zur deutschen Botschaft. Angeblich kannten sie sich in der Stadt nicht aus. Unsere Suche führte uns über die Karlsbrücke und weiter durch einen Park. Endlich entdeckten wir in einer Querstraße die holländische Botschaft, ein paar Ecken weiter die amerikanische. Die Stimmung stieg sofort. Nicht weit entfernt fiel unser Blick auf ZDF-Kameras, einen riesigen Menschenauflauf, Polizei. Wir hatten die Botschaft gefunden! Vor dem Haupteingang konnten wir beobachten, wie aus einem LKW Klappbetten ausgeladen und in die Botschaft transportiert wurden. Am liebsten wäre ich in diesem Augenblick losgerannt und in die Botschaft gelaufen, um endlich alles hinter mir zu lassen. Matthias hielt mich zurück. Wir umrundeten die Botschaft und suchten den Zaun, den wir so oft im Westfernsehen gesehen hatten, über den die Flüchtlinge geklettert waren.
Und dann war es soweit! Vor uns der berühmte Zaun und die Kabelrolle, die beim Klettern über das hohe Gitter hilfreich war. Völlig fasziniert standen wir davor und beobachteten das rege Treiben. Menschen über Menschen hinter der Absperrung und davor ständig Neuankömmlinge, die über den Zaun stiegen, mit oder ohne Gepäck, kleine Gruppen, die von Angehörigen oder Freunden hierher begleitet wurden und sich nun verabschiedeten. Manche hatten sogar Koffer dabei. Unsere gepackten Koffer hatten wir aus Angst, aufzufallen, in Bismark zurückgelassen. Ab und zu kletterte auch jemand von innen nach draußen, wahrscheinlich um noch etwas zu erledigen oder in der nächsten Kneipe ein Bier zu trinken. Alles spielte sich in großer Ruhe ab. Derweil standen wir an einem Hang und beobachteten das ganze Spektakel. Ein bisschen erinnerte mich das Geschehen an einen Zoo: Hinter den Gitterstäben

waren die Ausreisewilligen zu besichtigen und davor liefen Spaziergänger mit Kindern oder Hunden und schauten sich neugierig alles an.
Hektik herrschte lediglich an der Kabelrolle, der günstigsten Stelle zum Überwinden des hohen Zaunes. Hier kamen die Menschen angehetzt, wurden aber sofort von den anderen beruhigt: „Immer mit der Ruhe. Hier kommt jeder rein!"
Von Minute zu Minute steigerten sich Nervosität und Unruhe in mir. Mich beherrschte weniger die Angst als vielmehr die Aufregung, wie es weitergehen würde. Ich bedrängte die Kinder, endlich den letzten Schritt zu gehen, keinen Augenblick länger konnte ich die Warterei mehr ertragen. „Holt ihr noch die Taschen aus dem Auto, vor allen Dingen die Wolldecke?" - „Wir holen die Sachen erst, wenn du in der Botschaft bist." - „Gut, dann los!" - „Nein, warte noch", sagte Matthias, „da ist ein Mann, der mit den Flüchtlingen diskutiert. Das gefällt mir nicht. Wenn der man nicht von der Stasi ist. Wir beobachten den erst noch."
Würde unser Misstrauen jemals aufhören?
Inzwischen war fast eine Stunde vergangen, Zeit, die mir vorkam wie ein ganzer Tag. Das Kribbeln im ganzen Körper nahm immer weiter zu, mir war schwindlig.
Der von uns beobachtete Mann entpuppte sich als Westdeutscher, der Hilfe anbot, z.B. könne er Trockentoiletten besorgen. Da er direkt an der Kabelrolle stand, wurde er darauf hingewiesen, dass er den Verkehr in die Botschaft behinderte. Nachdem er zur Seite getreten war, konnten wieder mehrere Personen die Hürde überwinden und einen großen Schritt der Freiheit entgegen gehen.
Jetzt war es auch für mich soweit, den „Zaun" zu überwinden. Hinter und auf dem Gitter hielten sich drei junge Männer bereit, die den Neuankömmlingen beim Überwinden des Zaunes halfen. Ich stieg auf die Kabelrolle und

fragte: „Nehmen Sie mich auch noch mit an?“ - „Aber sicher, junge Frau, denn mal los!“ Ich zog meinen Mantel aus und reichte ihn zusammen mit meiner Tasche nach oben. Dann ergriff ich eine hilfreiche Hand und setzte den ersten Fuß über den Zaun. Zwei weitere Männer unterstützten mich beim Abstieg.

Ich war auf westdeutschem Boden angekommen!

Um mich herum sah es aus wie in einem Sommerlager mit Zelten und fröhlichen Familien, die ein Picknick machten. Alle duzten sich, erzählten von ihren Erlebnissen und boten Rat und Hilfe an. Es bestand ein Zusammengehörigkeitsgefühl, das ich niemals vorher erlebt oder für möglich gehalten hatte. Für mich wurde die Zeit trotzdem zur Qual, denn ich wartete auf meine Söhne, die aus dem Auto die wenigen Sachen holen wollten, die wir mitgenommen hatten. Zu diesem Zeitpunkt hatte ich keine genaue Vorstellung, wie es weitergehen würde und wie lange wir hier sitzen würden. Wichtig war nur, dass ich den entscheidenden Schritt in die Zukunft getan hatte und ein Zurück nicht mehr in Frage kam. Ein junger Mann sagte zu mir:
„Jetzt sind Sie über die Grenze gegangen.“

In den letzten Monaten hatte ich vollkommen andere Vorstellungen vom Abschied aus meiner Heimat gehabt. Als Bild hatte ich einen Bahnsteig gesehen, auf dem schon unser Zug bereit stand. Natürlich waren mein Bruder und die ganze Familie da und die vielen Freunde, die mich während der langen Wartezeit begleitet und aus Spaß eine zwanzigköpfige Kapelle angekündigt hatten. Es gab Umarmungen und Tränen, immer in dem Bewusstsein, dass ich jederzeit hätte auf Besuch kommen können. Nun hatte ich mich stattdessen wie ein Dieb weggeschlichen. Sechs

Koffer und drei Rucksäcke mit unseren Habseligkeiten sollten auch dabei sein, daraus war in aller Eile zusammengesuchtes Handgepäck geworden.
Und doch war dieser Schritt ein Sieg für mich und eine Niederlage für die Behörden und den Staatsapparat. Ich hatte eine klare Entscheidung getroffen und Maßnahmen ergriffen, um sie in die Tat umzusetzen. Aller Kummer, alle Not, jeder Zweifel waren für einen Moment verschwunden und ich fühlte mich leicht und frei, wie auf Wolken fliegend. Freiheit!

Mein Blick kehrte zurück in die Botschaft, wo Kinder um mich herum spielten und tobten, Erwachsene im Gespräch vertieft waren. Ein Ehepaar aus Stralsund erzählte mir, dass ihr Entschluss, in die Botschaft nach Prag zu fahren, ganz plötzlich gekommen war. Sie hätten keine Kinder und wollten einfach nicht mehr eingesperrt sein, sondern die Chance ergreifen, noch einmal etwas Neues anzufangen. Andere berichteten, dass sie sich schon mehrere Wochen hier aufhielten, eine Frau sogar 13 Wochen. Überall herrschte eine gelöste, hoffnungsvolle Stimmung. Am Zaun tauschten sich Tschechen und Deutsche aus, übergaben Briefe und Postkarten für ihre Angehörigen, Kinder bekamen Süßigkeiten geschenkt.
Gemeinsam mit mir beobachteten viele die Neuankömmlinge, die mit Koffern und Taschen gehetzt den Weg entlang kamen, sich immer wieder umsahen, ob sie noch von jemandem aufgehalten werden konnten, und genau wie ich freundlich am Zaun begrüßt wurden. Inzwischen hatte ich erfahren, dass dort ein Schichtdienst bestand und sich die Männer bei ihrer Hilfe, das Gitter zu übersteigen, abwechselten. In der ersten Stunde meiner Wartezeit kamen ca. fünfzig – sechzig Personen in die Botschaft. Eine Frau mit ihrer Tochter wurde von Freunden oder Verwandten unter

Tränen verabschiedet. Gepäck wurde über die Barriere gereicht. Es kamen Paare, ältere und viele junge Leute, Familien mit Kindern jeden Alters.

„Immer langsam. Hier ist Platz für jeden.“

Im Fernsehen hatten wir immer wieder Aufnahmen von tschechischen Polizisten gesehen, die versuchten, mit Gewalt Flüchtlinge vom Zaun herunter zu ziehen. Von denen war heute zum Glück keine Spur zu sehen.

Eine ziemlich dicke Frau stellte sich beim Klettern sehr ungeschickt an und stand plötzlich mit beiden Füßen oben auf dem Zaun. Viele Hände fassten zu, an den Füßen und am Po, und sie wurde vorsichtig heruntergehoben. Als sie auf festem Boden stand, klatschten alle Beifall.

1 ½ Stunden waren inzwischen vergangen und von meinen Kindern war immer noch keine Spur zu sehen. Unruhe breitete sich in mir aus. Was konnte alles passiert sein und was machte ich, wenn sie nicht zurückkamen? Weder die Zigaretten noch die beruhigenden Worte der Umstehenden hatten eine Wirkung. Ich war einfach fertig, mein ganzer Körper vibrierte und mir war lausig kalt. Vor meinem inneren Auge sah ich, wie meine Söhne von Polizisten abgeführt wurden oder wie sie in der Stadt umherirrten und den Weg nicht fanden. Noch eine Stunde verging, bis Matthias und Andreas den Weg entlang gerannt kamen, auf die Kabelrolle stiegen, zwei Rucksäcke über den Zaun warfen und dann selbst hinüber kletterten. Wir waren endlich wieder zusammen! Sie hatten die Brücke nicht gefunden, wo wir das Auto abgestellt hatten.

Jemand begleitete uns durch das Menschengewühl zur Anmeldung. Ein junger Mann bat darum, uns höflich und hilfsbereit zu verhalten, weil jeder hier auf jeden angewiesen sei. Wir waren sozusagen auf ein geordnetes Chaos gestoßen, in dem menschliche Anstandsregeln herrschten und jeder Rücksicht auf den Anderen nahm.

Auf unserem Weg kamen wir an mehreren großen Zelten vorbei, die mit Betten voll gestellt waren, aber auch an Doppelstockbetten, die im Freien standen. An der Anmeldung standen Schlangen. Schlange stehen waren wir gewöhnt und außerdem hatten wir alle Zeit der Welt. Während wir noch warteten, ging ein Raunen durch die Reihen: „Genscher kommt!"

Na und? Uns interessierte im Augenblick nur, wo wir ein Bett und einen Schlafsack bekommen konnten. Andreas hustete ständig und musste sich setzen. Hoffentlich wirkte das Antibiotikum bald. Nachdem wir unser Anmeldeformular ausgefüllt hatten, spendeten wir unsere tschechischen Kronen für die Versorgung in der Botschaft, ein Teil der DDR-Mark wanderte in den Papierkorb. Meine Gedanken waren im Jetzt, Schritt für Schritt, nicht an die Vergangenheit denken. Und im Jetzt waren Schlafsäcke wichtig, denn die Nacht würde kalt werden, wir hatten schließlich September. Die Betten waren alle mehrfach belegt. Durch die Menschenmassen versuchten wir uns zur Ausgabestelle durchzuschieben. Plötzlich ging gar nichts mehr. Uns wurde mitgeteilt, dass man sich um alles später kümmern könne, jetzt käme erst mal Genscher! Die Bedeutung dieser Worte erfasste ich erst viel später. Im Augenblick quälte mich der Durst und meine Füße schmerzten. Inzwischen war es ca. 18.30 Uhr und es dämmerte. In die Menschenmenge war Ruhe eingekehrt, alle warteten geduldig. Auf dem Balkon der Botschaft wurde ein Mikrofon angebracht, Scheinwerfer wurden aufgestellt, Leute kamen und gingen. Nach fast einer Stunde war es soweit: Außenminister Genscher betrat den Balkon und unbeschreiblicher Jubel ertönte aus tausenden Kehlen.

Und dann seine ersten Worte: „Liebe Landsleute, ich bin heute zu Ihnen gekommen, um Ihnen mitzuteilen, dass heute Ihre Ausreise ..."

Mehr war nicht zu verstehen, ging unter in den Freudenschreien. Die Menschen jubelten, fielen sich in die Arme, Tränen liefen vielen übers Gesicht. Es war einer der bewegendsten Augenblicke in meinem Leben: Unsere Ausreise war genehmigt!
„Ab heute 21.00 Uhr fahren fünf Sonderzüge in Abständen von zwei Stunden ..."
Heute? Das ist unglaublich, unvorstellbar. Um uns herum lagen sich die Menschen immer noch in den Armen, küssten sich, jubelten, weinten. Die Freude war unbeschreiblich. Bald darauf schrien über 4000 Menschen ihr Glück und ihre Freude heraus: „Danke schön, danke schön, danke schön..."
Endlich konnten auch wir drei glauben, was passiert war, und umarmten uns. Noch heute würden wir einen Zug besteigen und einer neuen Zukunft entgegen fahren. Einen einzigen Haken hatte die Sache: Die Züge würden durch das Gebiet der DDR fahren. Sofort entstand ein flaues Gefühl im Magen, alte Ängste erwachten, Buh-Rufe wurden laut. Uns wurde jedoch versichert, dass alles auf höchster Ebene geregelt sei und keine Gefahr für uns bestünde. Mitarbeiter der Botschaft und Staatssekretäre würden die Züge begleiten.
Der erste Zug war vorrangig für Familien mit Kleinkindern vorgesehen. Für uns war das kein Problem, denn wir waren noch überwältigt von der Tatsache, dass es überhaupt so schnell geklappt hatte. Viele der Anwesenden warteten außerdem schon seit Wochen auf diesen Moment. Für uns spielte es überhaupt keine Rolle, ob wir im ersten oder im letzten Zug abreisten. Wichtig war nur, dass wir es geschafft hatten, dass es vorwärts ging und wir wieder eine Zukunft hatten.
In einem Zelt fragte ich nach Tee. „Tee ist gerade alle, aber den Rest schaffen wir auch noch so!" Natürlich hatte sie

Recht. Trotz des Durcheinanders und der Abreisevorbereitungen gab es wenige Augenblicke später dennoch Tee und sogar Würstchen. In kürzester Zeit wurde ein Stand aufgebaut, wo es auch Kaffee, Gulaschsuppe und Schokolade für die Kinder gab. Es war bewundernswert, mit welchem Elan die Mitarbeiter der Botschaft das alles organisierten.

Uns hatte sich inzwischen ein Mann, etwa 35 – 40 Jahre alt, angeschlossen. Er war von seiner Frau nach Prag gebracht worden, die erst später in den Westen nachreisen wollte. Nachdem wir erste Informationen ausgetauscht hatten, packte er eine Flasche Kräuterlikör aus, weil er Magenbeschwerden hatte, und bot mir auch einen an. Auf dieses Ereignis konnte man gut mit einem Schnäpschen anstoßen.

Inzwischen war es dunkel geworden, die ersten Busse waren abgefahren und nun wurde das Chaos erst richtig sichtbar. Die Anwesenheit von tausenden von Menschen über zehn Wochen auf dem relativ kleinen Gelände und die überstürzte Abfahrt hatten ihren Tribut gefordert. Überall lag Müll herum, leere Flaschen, Gläser, Papier. Auch einige Betrunkene waren zu sehen.

Am Zaun war weiterhin viel Betrieb. Die Nachricht von der Ausreisegenehmigung hatte sich herum gesprochen und viele Menschen ergriffen ihre vermutlich letzte Chance. Einige jüngere Leute, die schon länger in der Botschaft warteten, erreichte die Neuigkeit sogar in einer Kneipe, wo sie gerade ein Bier tranken und der Wirt plötzlich sagte: „In der Botschaft geht es los. Die ersten reisen schon aus. Seht zu, dass ihr hinkommt, sonst verpasst ihr den Anschluss!"

Nun wurde es auch für uns Zeit, zu gehen. Vom Botschaftsgelände mussten wir über zwei Querstraßen bis zum Bus laufen. Die Straßen waren gesäumt von Prager Bürgern, die sich das Schauspiel nicht entgehen lassen wollten. Die Stimmung war unglaublich. Überall jubelnde Menschen, die uns zuwinkten, sogar aus den Fenstern der anliegenden Häuser. Die Ausreisenden sangen auf ihrem Weg zum Bus und mir kamen immer wieder die Tränen. Während der Fahrt zum Bahnhof sahen wir überall ähnliche Bilder. Die Anteilnahme war riesengroß.

In der Bahnhofshalle veränderte sich die Stimmung schlagartig. Über tausend Menschen, darunter viele Familien mit Kleinkindern, standen und saßen hier und es kamen immer mehr. Durch den Eingang strömten unaufhörlich Menschen herein und der Ausgang zu den Bahnsteigen wurde von tschechischen Polizisten bewacht. Vorerst durfte niemand die Bahnhofshalle verlassen, zumindest nicht in diese Richtung. Die Luft war zum Schneiden und langsam entwickelte sich eine hysterische Stimmung, Kinder schrien, Mütter weinten. Ich bekam kaum noch Luft, hatte meinen Mantel ausgezogen, den Pullover und die Bluse aufgeknöpft. Matthias war besorgt. Er hatte wieder das Kommando übernommen.
Irgendjemand schrie: „Lasst doch die Kinder nach vorn!“ Sowie sich die Kinderwagen in Bewegung setzten, dachten alle, dass es jetzt losginge, und drängten in Richtung Bahnsteig. Diese Ausgänge waren aber weiterhin gesperrt. Ein furchtbares Durcheinander entwickelte sich und Panik brach aus. Mütter fuhren sich gegenseitig mit dem Kinderwagen in die Hacken und fauchten sich an. Jeder wollte nach vorn. Von dem organisierten Chaos in der Botschaft, von Höflichkeit und gegenseitiger Rücksichtnahme war kaum etwas übrig geblieben. Sauerstoffmangel, körperliche und psychische Überlastung, Platzangst blieben nicht ohne Folge. Nach über zwei Stunden durften wir endlich die Bahnhofshalle verlassen und betraten nacheinander die

Unterführung. Es gab immer wieder Stockungen und wir kamen nur Schritt für Schritt voran. Ab und zu standen wir und warteten. Wenigstens wehte ein frischer Wind von den Bahnsteigen herein. Hinter mir lärmte ununterbrochen eine Frau, meckerte und nörgelte, obwohl die tschechischen Bahnbeamten und deutschen Zugbegleiter ihr Möglichstes taten, um uns zu helfen. Niemand hier war auf so eine Situation vorbereitet. Mir riss der Geduldsfaden und ich schrie sie an, dass sie endlich mal ihren Mund halten solle. Matthias hörte, wie die Meckerziege zu ihrer Nachbarin sagte: „Kann sich kaum auf den Beinen halten, aber die große Lippe riskieren!“ Keine Frage, die Nerven aller waren aufs Äußerste angespannt.

Gegen 1.00 Uhr war es soweit. Wir durften in den Zug einsteigen. Erleichtert nahmen wir in einem Abteil Platz, das wir uns mit zwei jüngeren Männern und einem Ehepaar mit Tochter teilten. Nach einer halben Stunde fuhr der Zug ab und wir ließen uns entspannt in die Sitze fallen. Fast war Normalität eingetreten. Gemeinsam mit einem Mitreisenden holte ich aus dem Mitropa -Wagen einen Kasten Orangengetränk, Frühstücksbeutel und Zigaretten. Bezahlen konnten wir mit DDR-Mark, die wir noch reichlich besaßen und sicherlich nicht mehr benötigen würden. Bald trat Stille im Abteil ein.

Alle waren völlig erschöpft. Matthias und Andreas schliefen ein. Wir waren schließlich seit über dreißig Stunden auf den Beinen. Ich war innerlich zu aufgewühlt, um zur Ruhe zu kommen. Nach etwa einer Stunde fuhr der Zug über die Grenze und befand sich jetzt auf DDR-Territorium. Ein beklemmendes Gefühl beschlich mich. Matthias hatte sofort Bedenken gehabt und gemeint, dass der Zug von Dresden nach Bautzen umgeleitet würde. Diese Gefahr sah ich nicht, denn wie versprochen war in jedem Zug ein Staatssekretär oder Botschaftsmitarbeiter als Begleitung eingestiegen. Meine Beklemmungen rührten eher daher, dass ich ein letztes Mal durch das Land fuhr, welches fast vierzig Jahre meine Heimat gewesen war und auch bleiben würde.

Während der Ferien hatte ich als Kind und später mit meinem Mann und den Kindern die ganze Republik von der Ostsee bis zum Erzgebirge bereist. Wir hatten wunderschöne Urlaubstage an der Mecklenburger Seenplatte verlebt und viele Städte besucht. Heute fuhr ich die Strecke Dresden, Karl-Marx-Stadt, Plauen zum ersten und wahrscheinlich auch zum letzten Mal. Es war doch verdammt schwer, endgültig loszulassen. Die Gedanken gingen ihre eigenen Wege zu meinem Bruder, meiner Familie, meinen Freunden...
Wann würde ich sie wiedersehen können?
Stundenlang stand ich am Fenster und sah die Landschaft und Städte an mir vorbeifliegen. Neben einem aufgeregten Kribbeln im Bauch, was wohl die Zukunft bringen würde, verspürte ich auch Wehmut über das, was ich alles zurückließ. Gespräche mit jungen Ausreisenden, die wie ich im Gang standen und aus dem Fenster sahen, lenkten mich ein wenig ab. Bis jetzt ging die Fahrt zügig voran, da an den Bahnsteigen kein Halt gemacht wurde. Es wurde langsam hell. Der letzte Morgen auf DDR-Gebiet brach an.
Etwa hundert Kilometer vor der Grenze bemerkte ich viele Leute, die von der Straße aus dem Zug zuwinkten, teilweise sogar mit Tüchern. Zunächst hielt ich das für Zufall, bis es immer mehr wurden und ich begriff, dass sie uns verabschieden wollten. Selbst aus den Fenstern weit entfernt stehender Häuser schwenkten die Leute weiße Tücher. An den Schranken standen ganze Familien, um unseren Zug zu sehen, und ich erblickte Frauen, die weinten. Erst jetzt wurde mir klar, wie viele Menschen an unserem

Schicksal Anteil nahmen. Nicht nur wir und die vielen Flüchtlinge aus der Botschaft waren betroffen. Viele Bürger hatten die Nase voll.
Wer hätte noch vor einem Jahr geglaubt, dass Tausende offiziell ausreisen durften? Wie lange würde man ein ganzes Volk noch von der Außenwelt abriegeln, bevormunden und bespitzeln können?
Der Zug erreichte den Grenzbahnhof. Männer in Zivil verteilten sich auf den Zug und sammelten unsere Personalausweise ein. Auch wir gaben brav unsere Dokumente ab, in dem Glauben, eine Ausreisebescheinigung zu bekommen. Die Stimmung war angespannt. Vielleicht würden sie uns doch noch aus dem Zug holen? Es ging alles gut. Der Zug setzte sich wieder in Bewegung, ohne dass wir ein Ausreisedokument erhalten hatten. Die angestaute Spannung entlud sich, indem viele Menschen Hartgeld, Essensreste, Bierbüchsen, Papier und anderen Unrat auf den Bahnsteig warfen. Ich schämte mich dafür. In den DDR-Medien würde später berichtet werden, dass nur Asoziale und Arbeitsscheue im Zug waren, solche Menschen also, die der Staat sowieso nicht brauchte und denen man keine Träne nachweinen musste. Dieser Ausspruch hat mich sehr verletzt und traurig gemacht.

„Frank Elbe begleitete als einer von mehreren Beamten der Bundesregierung in der Nacht vom 30. September auf den 1. Oktober einen der Züge von Prag durch die DDR nach Hof: Gegen 1 Uhr nachts setzte sich der Zug in Bewegung. Je näher wir der Grenze zwischen der DDR und der Tschechoslowakei kommen, um so unruhiger und ängstlicher wird die Stimmung. (...) Der Zug überrollt den Grenzübergang Schöna in die DDR, ohne dass etwas geschieht. Die Spannung unter den Menschen weicht. (...) Der Zug hält schließlich in Reichenbach. Das Bahnhofsgelände ist hermetisch von der Bahnpolizei abgesperrt. Etwa 100 Beamte der Staatssicherheit betreten den Zug. Sie gehen jeweils in Dreiergruppen in ein Abteil und nehmen den Menschen nach einem absurden System die Ausweise ab: Der erste nimmt den Ausweis ab, der zweite guckt hinein, und der dritte steckt ihn in einen schwarzen Koffer. (...) Viele empfinden diesen Verlust ihrer Identitätspapiere als den letzten gemeinen Tritt, den ihnen das Regime verpasst. (...)

Der Zug fährt weiter. Bei der Fahrt durch Plauen stehen Hunderte von Menschen an den Fenstern ihrer Wohnkasernen und winken mit weißen Tüchern. Ein Transparent ist zu sehen: „Das Vogtland grüßt den Zug der Freiheit." Im Zug verbreitet sich Ergriffenheit. Ein junger Mann steht fassungslos weinend vor mir und sagt: „Nun weiß ich, dass es richtig war zu gehen, wenn die da draußen genauso denken, wie wir." Kurz vor der Grenze zur Bundesrepublik wird es noch einmal still im Zug. Der Zug fährt an den kilometerlangen, perfekt installierten Sicherheitsanlagen vorbei. Als bei Gutenfürst der Zug den schwarz-rot-gold gestrichenen Grenzpfahl passiert, bricht ein unvorstellbarer Jubel los. Die Angst löst sich, die Menschen fallen sich weinend und lachend in die Arme."
(Chronik des Mauerfalls, S. 75/76)

Wir überquerten die Staatsgrenze der Deutschen Demokratischen Republik. Ein unbeschreiblicher Jubel brach im Zug aus. Alle beglückwünschten sich, es gab wieder Umarmungen, Tränen, einige weinten hemmungslos. Bei aller Freude konnte ich das Geschehen gar nicht wirklich realisieren, denn wir waren noch nicht einmal fünfzig Stunden unterwegs! Ich nahm meine Jungs in den Arm, die beiden, die so gut durchgehalten und mich unterstützt hatten. Und jetzt waren wir in der Bundesrepublik Deutschland.

Kommentar Honeckers im „Neuen Deutschland“: „Sie alle haben durch ihr Verhalten die moralischen Werte mit Füßen getreten und sich selbst aus unserer Gesellschaft ausgegrenzt. Man sollte ihnen deshalb keine Träne nachweinen.“

Ankunft in der BRD

Vor den Zugfenstern kamen mir die Bilder bekannt vor: Lichthupe an den Bahnübergängen, mit Tüchern winkende Menschen, genau wie auf dem Gebiet der DDR. Ich war überrascht, dass so viele Bundesbürger uns willkommen hießen.
Beamte des Bundesgrenzschutzes waren inzwischen zugestiegen. Welch ein Unterschied zu den Männern, die uns unsere Papiere abgenommen hatten! Einer von ihnen klopfte Matthias und Andreas auf die Schulter und sagte: „Schön, dass Ihr da seid!“ Es war so ehrlich und die Freude für uns so sichtbar. Wir genossen diesen Augenblick und hielten ihn ganz fest.
Im ganzen Waggon war die Spannung und die Freude greifbar. Immer noch weinten und lachten die Menschen und konnten es nicht fassen: Der Zaun hatte sich für uns alle geöffnet.
Bevor wir den Bahnhof in Hof erreichten, trat erwartungsvolle Stille ein. Was wir dann erblickten, hatte ganz sicher niemand erwartet und übertraf alle Vorstellungen. Der Bahnsteig war voller jubelnder Menschen, die uns begeistert begrüßten. Hände wurden geschüttelt, fremde Leute umarmten uns wieder einmal und hießen uns willkommen. Dieses Bild würde sich für alle Zeit einprägen. Es war wie ein Volksfest. Hilfreiche Hände versorgten uns mit Tee, Suppe, Obst und Süßigkeiten für die Kinder. Andreas hat-

te sich eine Tüte mit Gummibärchen besorgt. Stände mit Kleidungsstücken und Spielsachen für die Kleinen wurden aufgebaut. Es war rundum ein liebevoller Empfang.
Wir hätten die Möglichkeit gehabt, in einem Notaufnahmelager in Hof untergebracht zu werden. Weil wir genaugenommen keine Ahnung hatten, wo Hof sich befand, entschieden wir uns ganz spontan und saßen einige Zeit später in einem Zug Richtung Bayreuth, wo auch Aufnahmelager für uns eingerichtet worden waren. Geografisch betrachtet war Bayreuth wesentlich weiter von Steinfurt entfernt als Hof.

Die vielen Eindrücke der letzten zwei Tage waren gar nicht so schnell zu verarbeiten. Und noch wusste niemand aus der Familie oder von unseren Freunden, wo wir abgeblieben waren, auch Wolfgang nicht. Hier im Zug wurden wir auch mit Getränken und Obst versorgt. Dann ging die Fahrt weiter und in Bayreuth verließen wir den Zug. Es war einfach nicht zu fassen: dasselbe Bild wie in Hof. Menschen über Menschen hatten sich versammelt, um uns zu begrüßen. Beim besten Willen konnten wir keinen Tee mehr trinken oder Suppe essen. Wir waren gerührt, glücklich und dankbar.

Wenig später saßen wir in einem VW-Bus und fuhren Richtung Bundesgrenzschutzkaserne. Einen uns begleitenden Beamten kannten wir schon aus dem Zug. Er berichtete uns, dass er sich wie ein Schaffner vorkäme, weil er schon zum dritten Mal die Menschen im Zug zählen musste.
Andreas sah gespannt aus dem Fenster und rief: „Da fährt ein Rolls – Royce." - „Bestimmt ist der Opernsänger Peter Hofmann mal wieder in Bayreuth." Eine neue Welt öffnete sich für uns und wir saugten begierig die vielen Eindrücke auf und versuchten, uns nichts entgehen zu lassen. Der Bus erreichte das Gelände der Kaserne und unserem Blick boten sich hübsche Grünanlagen. Alles ohne Stachel-

draht! Die Zimmer wurden verteilt und ich drängelte mich vor, damit wir zusammen einen Raum bekamen. Die Soldaten und Beamten hatten ihre Zimmer für uns geräumt, die einfach eingerichtet und sauber waren. Nachdem wir unsere Sachen abgestellt hatten, meldeten wir uns an und erhielten Begrüßungsgeld. Endlich „richtiges“ Geld in der Hand und dann auch noch Scheine, die wir allerdings wechseln mussten, um telefonieren zu können. Ein paar Soldaten halfen uns mit Münzen aus ihrer Skatkasse aus. Überall freundliche und hilfsbereite Menschen! Auch in der Kantine wurden wir verwöhnt. Im Angebot war Schweinshaxe mit Erbspüree und Sauerkraut, Getränke nach Wahl und Obst.
Es wurde Zeit, ein Telefon zu suchen. In der Abreisehektik hatte ich vergessen, Wolfgangs Telefonnummer in mein Notizbuch einzutragen. Ich war davon ausgegangen, dass ich ihn von Bismark aus anriefe, wenn die Ausreise genehmigt war. So wählte ich die Nummer meines Cousins Peter in Schwerte, der regelmäßig Kontakt zu Wolfgang hatte. „Hier ist Inge.“ - „Wer ist da?“ - „Hier ist Inge.“ - „Ich werd verrückt. Wo bist Du?“ - „In Bayreuth und ich habe Wolfgangs Telefonnummer nicht dabei.“
Wir erhielten die Nummer und die Versicherung, dass wir auf jeden Fall noch am selben Tag abgeholt würden. Wolfgang erreichten wir nicht, weil die Nummer ständig besetzt war und wir die Telefonzelle für die Wartenden freimachen mussten, die auch Angehörige und Freunde anrufen wollten.

Es war Sonntag, der 1. Oktober 1989, und wir waren seit Freitag früh auf den Beinen. Wir hatten eine Grenze überwunden und waren in Bayreuth angekommen. Was machten wir jetzt? Ein Bier trinken! Von unserem ersten Geld kaufen wir uns ein Bier und machten es uns in der gemüt-

lichen Kantine bequem.„Darf ich mich einen Moment zu Ihnen setzen?“ Es war der uns schon vertraute BGS – Beamte, den wir aus dem Zug und dem VW-Bus kannten. Wir dankten ihm für die Hilfsbereitschaft und den freundlichen Empfang. „Das tun wir doch gern für Euch.“ Er organisierte an der Pforte, dass Krausbeck oder Schröder sofort zu unserem Zimmer gebracht würden und wünschte uns, dass wir uns am nächsten Tag nicht mehr sahen.
Körperlich fühlte ich mich völlig erledigt. Meine Knöchel waren unter den Schwellungen nicht mehr zu sehen und die Augen brannten, aber im Kopf wirbelten die Gedanken herum. Ich glaubte nicht, dass ich schlafen konnte. Obwohl das Licht brannte, dauerte es keine Minute bis ich eingeschlafen war.
Von einem heftigen Klopfen an die Tür wurde ich wach und wusste zuerst gar nicht, wo ich war. Dann sah ich Peter und Angelika. Sie waren fünf Stunden gefahren, um uns in der neuen Heimat zu begrüßen. Die Freude war riesengroß. Matthias wurde belehrt, dass er nicht mehr Onkel sagen sollte. Ich rannte im Zimmer herum, erzählte, lachte, weinte. Unsere paar Sachen waren schnell zusammengepackt.

Und dann sah ich ihn, meinen Mann, von dem ich zwanzig Monate getrennt gewesen war. Ein guter Freund hatte ihn von Steinfurt nach Bayreuth gefahren, weil er zu aufgeregt war, um selbst zu fahren. Wir lagen uns in den Armen. Es würde noch viel zu besprechen geben, aber in diesem Augenblick war nur wichtig, dass wir als Familie wieder vereint waren. Allen Widrigkeiten zum Trotz hatten wir es geschafft, eine Grenze zu überwinden!

Wir würden die Chance nutzen, um uns eine neue, gemeinsame Zukunft aufzubauen.

GVS	VVS		CFS-Nr.: 27
Datum		Zeit	Sig.
07.10.89		09.35	Be
Empf. verst. am:		um:	

fs m berlin
ha roem 7

bv magdeburg
abt. roem 7
abt. roem 9
abt. roem 20
b k g
o d h

BStU
000336

-ungesetzliches verlassen der ddr-

am 05.10.89 wurde durch den leiter der de bekannt, dasz die

krausbeck geb. schroeder, ingeborg 02.06.50 5 1013 6 halberst.
rpt krausbeck schroeder 020650 5 1013 6
wh: 3592 bismark, str. der jugend 12
hilfspfleger
ev. feierabendheim bismark
erf. opk ,,klinik'' fuer kd gardelegen

sowie ihre beiden soehne

krausbeck, matthias 18.10.70 [geschwärzt] magdeburg
rpt krausbeck 181070 [geschwärzt]
wh: 3592 bismark, str. der jugend 12
hilfspfleger
ev. krankenhaus stendal
[geschwärzt]

und

krausbeck, andreas 08.08.74 osterburg
rpt krausbeck 080874
wh: 3592 bismark, str. der jugend 12
schueler
[geschwärzt]

die ddr ungesetzlich verlassen haben.

Kopie aus der Stasiakte

Nachbemerkungen zu einem mysteriösen Fall

Als ich im Juni 1988 den Konsistorialpräsidenten Detlef Hammer aufsuchte, um Rat und Hilfe zu erbitten, begleitete mich ein gewisses Misstrauen, welches sich leider später als sehr berechtigt heraus stellen sollte. Ich erhielt die Information, dass er auch der Staatssicherheit mit Rat und Tat zur Seite stand. Weder in meiner Stasiakte noch in der unseres Freundes fanden sich jedoch Berichte zu unseren Gesprächen.

Detlef Hammer, der mein vermeintlicher Rettungsring in der Not war, verstarb in der Nacht vom 2. auf den 3. April 1991 plötzlich und unerwartet. Die Diagnose lautete auf Herztod. Die evangelische Kirche teilte „in tiefer Betroffenheit“ mit, „dass Gott unseren Bruder, den Präsidenten des Evangelischen Konsistoriums der Kirchenprovinz Sachsen, Dr. jur. Detlef Hammer aus dieser Welt abberufen hat.“ Ein paar Wochen später wurde klar, dass dieser „Bruder“ ein Stasispitzel gewesen war. Im Mai 1970 hatte er sich bereit erklärt, dem Ministerium für Staatssicherheit seine Unterstützung bei der Aufklärung ideologisch feindlicher Gruppierungen zu geben, aus welchen Gründen auch immer. Er wurde sogar mit dem „Kampforden für Volk und Vaterland“ ausgezeichnet und war als OibE (Offizier im besonderen Einsatz) tätig.

Bald tauchten Gerüchte auf, dass bei seinem Tod nicht alles mit rechten Dingen zugegangen sei. Von der Staatsanwaltschaft wurden 1993 und 1996 Ermittlungen eingeleitet, in deren Verlauf DNA-Analysen von Organproben angefertigt wurden. Die Überraschung konnte größer nicht sein: von den acht untersuchten Proben stimmte nur das Gehirnpräparat mit der DNA des Toten überein. Die restlichen Proben waren unterschiedlichen Leichen entnommen worden.

Der Verdacht entstand, dass er vergiftet worden war, um einen Mann auszuschalten, der zu viel wusste. Hammer hatte Kenntnisse über große westdeutsche Geldzuwendungen an die Kirche der DDR, mit denen von Kirchenmitarbeitern großzügig umgegangen wurde. Zur Diskussion stand auch eine Doppelagententheorie, da Hammers Name und Geburtsdatum in einem Dossier des US-Geheimdienstes auftauchten. Die Ermittlungen brachten keine Klarheit und wurden eingestellt. Es bleibt die Frage, was Detlef Hammer für ein Mensch war und warum er unter so mysteriösen Umständen sterben musste.

In meiner Stasiakte fand ich keine Berichte von Detlef Hammer über unsere Gespräche. Auch ansonsten machte ich keine allzu unliebsamen Entdeckungen in der Akte – zumindest waren keine Freunde und gute Bekannte unter den Zuträgern der Stasi.

Abt. VII	Die Abteilung VII der BV (Bezirksverwaltung) war seit 1959 zuständig für die Sicherung und Kontrolle des Ministeriums des Inneren und dessen nachgeordneten Einrichtungen, wie Deutsche Volkspolizei (VP), Zivilverteidigung, Kampfgruppen und Strafvollzug.
Abt. IX	Die Abteilung IX der BV war seit 1950 zuständig für die Bearbeitung von Untersuchungs- und Ermittlungsverfahren zu politischen Straftaten, Schwerkriminalität, Wirtschaftsvergehen, Nazi- und Kriegsverbrechen, Militärstraftaten sowie Straftaten von Mitarbeitern des MfS.
Abt. XII	Die Abteilung XII war zuständig für die Erfassung und Registrierung von Personen und Objekten in den zentralen Karteien sowie für die Archivierung des Schriftguts des MfS.
Abt. XX	Die Abteilung XX der BV war seit 1964 zuständig für die Sicherung und Kontrolle von Staatsapparat, Leistungssport, Kirchen, Kultur u. Opposition.
Abt. 26	Telefonüberwachung
Abt. M	Postkontrolle
BStU	Bundesbeauftragte für Unterlagen der Staatssicherheit
BV	Bezirksverwaltung
DE	Diensteinheit
DFA	dringende familiäre Angelegenheiten
DSF	Deutsch-Sowjetische Freundschaft
EOS	Erweiterte Oberschule
FDGB	Freier Deutscher Gewerkschaftsbund
FDJ	Freie Deutsche Jugend

FIM	Führungs-IM
Gen.	Genosse
GMS	Gesellschaftlicher Mitarbeiter für Sicherheit
GST	Gesellschaft für Sport und Technik
HA I	Die HA(Hauptabteilung)I war zuständig für die Abwehrarbeit in der Nationalen Volksarmee (NVA) und den Grenztruppen der DDR.
HA VIII	Die HA VIII war seit 1955 zuständig für Beobachtung, Ermittlung und Festnahme von Personen sowie Sicherung der Transitwege und verantwortlich für ausländische Militärmissionen.
IM	Inoffizieller Mitarbeiter der Staatssicherheit
IME	Inoffizieller Mitarbeiter im besonderen Einsatz
IMS	Inoffizieller Mitarbeiter für Sicherheit
KD	Kreisdienststelle
KSZE	Konferenz über Sicherheit und Zusammenarbeit in Europa
Ltn.	Leutnant
MdI	Ministerium des Inneren
MfS	Ministerium für Staatssicherheit
NSA	nicht sozialistisches Ausland
NVA	Nationale Volksarmee
OPK	Operative Personenkontrolle
RV	Rückverbindung
SED	Sozialistische Einheitspartei Deutschlands
OA	Oberarzt
OSL	Oberstleutnant
VP	Volkspolizei
VPKA	Volkspolizeikreisamt
ZK	Zentralkomitee
ZKG	Zentrale Koordinierungsgruppe

Literaturverzeichnis

Hertle, Hans-Hermann: Chronik des Mauerfalls. Die dramatischen Ereignisse um den 9. November 1989. Augsburg, 2003.

Klump, Brigitte: Freiheit hat keinen Preis. München, 1981.

Leonard, Wolfgang: Die Revolution entlässt ihre Kinder. Köln, 1955.

Wolf, Markus: Die Troika. Berlin, 1989.

Weitere Lebensgeschichten aus dem

*biografie*VERLAG
ruth damwerth

Hardcover, 184 Seiten, über hundert sw Fotos und originale Zeitungsartikel, 19,90 Euro. ISBN: 978-3-937772-13-4

Gundi Busch wurde 1954 die erste deutsche Eiskunstlaufweltmeisterin und damit nicht nur ein nationales Idol, sondern auch ein international gefeierter Star. Im grauen Nachkriegsdeutschland bekamen die Erfolge der „gudomliga Gundi", der vergötterten Gundi, wie die schwedische Presse sie nannte, märchenhafte Dimensionen. „Gundi Busch wird zur Zeit mehr fotografiert, als irgendeine Filmschauspielerin. Wer könnte ihr auch widerstehen?", fragten die Zeitungen. Noch heute, über fünfzig Jahre später, ist ihr Name den meisten Deutschen ein Begriff. Aber Gundi war nicht nur die Eiskönigin, der Publikumsliebling, der blonde Star auf Kufen, sie war auch ein achtzehnjähriges Mädchen - und: Sie hasste Schlittschuhe.

„Ich war viereinhalb, als mein Vater mich eines Sonntagsnachmittags das erste Mal in die Eishalle mitnahm. Ich sehe noch die Poren im Holz der Bande vor mir, an der ich mich ängstlich festhielt und die direkt auf Augenhöhe lag..."

Taschenbuch, 138 Seiten.
14,90 Euro. ISBN: 978-3-937772-00-4

Im Alter von 105 Jahren blickt Marie Olschewski auf ihr Leben zurück. 1897 geboren, umspannt ihre Lebensgeschichte das gesamte 20. Jahrhundert, ein Jahrhundert, das sie mit zwei Kriegen, drei Fluchten und dem Verlust ihrer Heimat vor besondere Aufgaben gestellt hat. Genauso bewegend ist jedoch, wie die Bäuerin und neunfache Mutter den Alltag meistert. Marie Olschewski lässt in ihrer lebhaften, detailreichen Erzählung und mit ihrer zärtlichen Sprache eine untergegangene Welt wieder aufleben - Masuren.

Taschenbuch, 268 Seiten.
18,90 Euro. ISBN: 978-3-937772-01-1

Es gibt Biografien, gegen die ist jedes Geschichtsbuch langweilig. Arnold Munters Lebensgeschichte gehört dazu. 1912 im Berlin der Kaiserzeit geboren, erlebt er nahezu alle Ereignisse, die das „deutsche" Jahrhundert geprägt haben, hautnah mit. Dabei ist er nie nur Beobachter. Jedes der politischen Systeme, die er in seinem Leben kennen lernt, versucht er mitzugestalten - oder zu bekämpfen. Dadurch erlebt er jede Epoche ganz bewusst. Sein ungewöhnliches Erinnerungsvermögen und seine lebendigen Schilderungen machen ihn neben seinem für die deutsche Geschichte geradezu exemplarischen Leben zu einem faszinierenden Zeitzeugen.

Weitere Biografien finden Sie in meinen Geschäftsräumen in der Rudolf-von-Langen-Straße 49 in 48147 Münster oder im Internet unter www.biografieverlag.de

Haben auch Sie nahe Angehörige, deren Erinnerungen Sie gerne in würdiger Form bewahrt wissen wollen? Oder möchten Sie Ihre eigene Lebensgeschichte an Ihre Nachkommen weiterschenken?
Ich bin Ihnen gerne dabei behilflich. Bitte sprechen Sie mich an.